귀향

야호댁 막내아들의

귀향

초판발행 2025년 10월 2일
지은이 정종수
펴낸이 신지원
펴낸곳 도서출판 소소담담
등 록 2015년 10월 10일(제2017-000017호)
주 소 대구광역시 북구 호국로43길 7-19, 201호
전 화 053-953-2112

ISBN 979-11-94141-21-1 (03810)
ⓒ 정종수, 2025

야호댁 막내아들의

귀향

정종수
수필집

소소
담담

나 자신에게 던지는 언어

뭔가 채워지지 않은 허전함이 늘 있었다. 구멍이 숭숭 뚫린 벌집 같기도 하고, 두더지가 후벼판 흙 굴 같기도 했다. 아무튼 건들면 쓰러지고 밟으면 무너질 것 같았다. 나를 보는 내 감정은 그렇게 불안하고 초조했다.

어느 날 나는 알았다. 내 삶을 지탱하고 있는 네 개의 기둥, 책임, 의무, 욕망, 가치 중에 가치가 너무 허약하다는 것을. 책임과 의무에 집중된 에너지가 점점 소진되면서 욕망의 형태도 왜소해졌다. 욕망이 적어지니 덩달아 가치도 쪼그라들었다. 그때까지만 해도 삶의 가치는 사회의 보편적 기준에 맞추어져 있었다. 내가 아닌 남을 보고 기준점을 맞추어 가는 우리네 인생길, 그 길의 한쪽에서 힘겹게 걷고 있는 나를 발견했다. 그때부터였을까. 대열에서 이탈하기 시작했다. 나만의 고유한 가치를 찾자. 남들이 만들어 놓은 삶의 가치가 부와 명예라면, 나의 가치는 존재 자체이어야 한다.

그러던 중에 만난 것이 수필이고 글쓰기다. 너와 내가 아닌 나와 나의 대화는 수필이란 글쓰기에서 수없이 이루어졌고 그 시간은 진솔했다. 비록 부끄럽고 보잘것없는 삶이나 오롯이 내 것이기에 나는 나를 사랑한다.

　그리고 나를 믿고 따라 주는 세 아이가 있었기에 희망이 있었고 기쁨이 넘쳤다. 어려운 여건에도 옳은 길을 걷고 있는 아이들이 더없이 고맙다.

　생각해 보니 '글쓰기포럼'에서 함께 공부한 문우님들과 지도해 주신 신재기 교수님이 없었다면, 나의 수필집은 태동하지 못했을 것이다. 그간의 관심과 격려에 감사를 드린다. 혹여 이 글을 읽고 공감과 위로를 받는 독자가 있다면, 더 없는 감사와 기쁨이겠다.

2025년 9월
정 종 수

차 례

2부 우리가 함께였던 시간

3부 그리움이라는 이름의 풍경

4부 길 위에서 삶을 묻다

5부 세상과 나와 사람들

1부

마음의 눈을 뜨다

창밖으로 펼쳐진 풍경은 아름다웠지만, 그보다 더 선명하게 남은
건 내 안의 변화였다. 누구의 것도 아닌 나만을 위한 시간, 그 시간
속에서 내가 얼마나 단단하고 아름다운 사람인지 다시금 알게 되
었다. 바람처럼 스쳐 간 바다 위에서 나는 분명히 나를 사랑하고 있
었다. 그리고 그것이면 정말로 충분했다.

〈오롯이 나를 사랑했다〉에서

나이 듦의 의미

빗방울 소리에 잠에서 깼다. 무더위에 창문을 열고 잤더니 빗소리가 가깝게 들렸다. 가뭄 뒤에 찾아온 단비, 불쑥 찾아온 고향 친구처럼 반갑다.

다육식물에 맺힌 물방울이 내 눈과 마주친다. 더위가 한발 물러섰으니, 아침을 즐기라는 듯하다. 운동 삼아 한 시간 정도 매일 걷기로 마음먹었지만 여간 귀찮은 게 아니어서 빼먹는 날이 많다. 비가 오거나 추운 날은 오죽했을까. 오늘은 비가 오는데도 걷고 싶으니 유별스럽다. 우산을 쓰고 강변으로 나왔다. 자박거리며 내딛는 걸음 뒤로 촉촉함이 따라오니 아침이 부드럽다.

나이가 들면서 감성이 옅어지고 있다. 혼자 있는 시간이 편하고 좋다. 책을 보기도 하고 마음 내키지 않으면 그대로 두고 살아도 누가 뭐라지 않는다. 그야말로 게으름의 천국이다.

갑자기 집안 구조를 바꾸고 싶다는 욕구가 꿈틀거렸다. 요즘에는 정갈함에 마음이 끌리고 몸이 움직인다. 마음 한쪽에선 혼자 할 수 없는 일이니 포기하라 했지만, 어느새 책장에서 책을 내리기 시작했다. 거실에 있던 수납장과 책장을 작은 방으로 들여보내기까지 3일을 끙끙댔다. 혼잡하던 거실이 깔끔하게 정돈되었다. 빈자리는 키 큰 '여인초' 식물로 채웠다.

창문을 열고 바람을 들이니 어느 멋진 해변이 부럽지 않다. 고생 뒤에 찾아든 기쁨이 이렇듯 뿌듯하니 행복이 멀리 있는 게 아닌 게 분명하다. 덕분에 뻐근한 허리는 일주일의 찜질을 보상으로 받았다.

나이가 들면 남성 호르몬은 변화를 시작한다. 남자도 갱년기를 겪는다고 하지 않던가. 여성의 갱년기는 불쑥 화가 치밀고, 말 끝마다 가시가 돋기도 한다. 이런 아내를 보는 남편은 당황하지만, 아내 자신도 어쩌지 못해 더욱 안타깝다. 끓어오르는 열기를 주체하지 못해 겨울에도 부채를 달고 다닌다.

남자의 갱년기는 이와 반대다. 아내에게 고분고분해지고 사소한 일에도 감동이 잦아진다. 심지어 때와 장소를 가리지 않고 흐르는 체면 없는 눈물에 당황할 때가 많다. 눈에도 보이지 않던 들꽃이 마음에 들어앉아 가슴을 적시기도 하고, 이슬 맺은 잎새를 마주하면 걸음을 멈추기도 한다. 강직함은 어디론가 사라지고 그 자리에 유연함이 들어앉는다.

내 삶의 철학은 외유내강이었다. 남에게 부드럽고 순박하게 대하더라도 나에겐 철저한 생활 습관을 요구했다. 가진 것 없고 미약한 사람이 치열한 사회에서 살아남는 방법이기도 했지만, 남자는 그래야 한다고 믿었다. 이제는 외유내유다. 편하게 살고 부드럽게 생각한다. 더 가지려는 욕심도 부질없다. 지지 않으려는 강함도 의미 없다. 내면을 담금질했던 지난 시간도 추억일 뿐이다.

바람 부는 대로 구름 가는 대로 그저 따라갈 뿐이다. 이쪽은 옳고 저쪽은 틀렸다 하지 않는다. 그럴 수도 있고 이럴 수도 있다. 줏대 없다 할지 모르나 이것이 삶의 지혜라는 것을 알았다. 애써 얻은들 허망하게 잃을 수 있으니 있는 것을 잘 가꾸려 한다. 건강도 재물도 마찬가지다. 남의 것 부러워 말고 내가 가진 것을 정확히 보려고 한다.

암 투병 중인 고향 친구가 전화했다. 내 전화를 받지 않아 걱정했던 터라 반갑게 받았다. 그는 힘겨움을 참아내는 목소리로 "나는 이제 힘들 것 같다"라고 했다.

그 말에 가슴이 덜컹 내려앉았다.

"얼굴 보고 싶다"라고 했더니 아직은 괜찮으니 서둘지 말라 한다. 어떤 말도 하지 못하고 전화를 끊었다.

건강에 경고장을 받은 지인이 주변에 즐비하다. 심지어 경기장에서 물러난 친구도 여럿이다. 나도 별반 다르지 않다. 주일에 세 번씩 혈액투석을 하고 있으니, 활동에 제약이 많다.

어느 날 날아든 적색 카드 한 장이 내 삶을 멈춰 세웠다. 먹고 마시며 뛰고 즐기던 육신은 서리 맞은 고춧잎처럼 움츠러들었다. 그 대신 나를 볼 수 있는 거울을 얻었다. 남아 있는 시간이 보이고, 먹고, 입고, 자는 데 그리 많은 재물이 필요치 않다는 것도 알았다. 자연히 내 가진 게 크고 소중하게 다가왔다. 곁에 있는 사람이 고맙고 함께 하는 이웃이 감사하다.

내리던 비가 그쳤다. 황톳빛 개울물 소리가 우렁차다. 먹구름이 물러가고 잿빛 구름이 오는가 싶더니 흰 구름 사이로 파란 하늘이 고개를 내민다. 이제 집으로 돌아가란다. 여름 햇살이 만만치 않으니 조심하라며, 하늘도 내가 받은 경고장의 의미를 아는 듯하다.

앞에서 두 여인이 걷고 있다. 발걸음이 경쾌하다. 내게도 저런 젊음이 있었다. 천천히 걷고 있는 나도 조금씩 앞으로 나아간다. 어느 유명 가수는 노랫말로 "우리는 늙어 가는 것이 아니라 익어 가는 것이다"라고 했다. 얼마나 멋진 말인가. 비움과 채움으로 조금씩 익어 가는 생의 길이 푸근하게 느껴지는 아침이다. 조금씩 영그는 이 시간이, 나이 듦의 의미가 아닐까.

오롯이
나를 사랑했다

전라남도 신안군의 끄트머리, 이런 외진 곳에 이토록 넓고 고운 해안이 끝없이 펼쳐질 줄은 미처 몰랐다. 항아리처럼 둥근 해안선은 여인의 부드러움과 고요한 아름다움을 닮았다.

손 닿으면 터질 듯한 부드러운 모래 위로 바닷물이 나지막이 엎드려 살금살금 밀려온다. 몇몇 마을 사람들이 무언가를 잡으러 바지런히 움직인다. 그 모습엔 군더더기나 욕심이 하나도 없어 보인다. 엄마의 가슴처럼 넓은 품을 내어놓은 해안은 여행 온 두 여인을 따뜻이 품었다. 어디서부터 걸어오는지 사뿐사뿐한 걸음에 잔잔한 평화가 흐른다.

신이 창조한 거대한 형상 안에서 인간이라는 작디작은 피조물이 즐겁게 노닌다. 이것이 창조자가 원했던 평화가 아닐까. 이 순간, 만물의 영장이란 명패를 들고 모든 것을 취하려 한 인간의 욕망이 가당찮다. 어렵게 달려온 신안의 끄트머리 '둔장 해변'. 텅 빈 계단에 홀로 앉은 여행객은 자신의 내면을 향해 길을 걷는다.

지난겨울, 가지고 있던 산타페 승용차를 캠핑카로 개조하면서 가장 먼저 계획한 것이 한반도 해안을 돌아보는 것이었다. 밥벌이에 매여 있는 처지가 아니어서 시간의 제약은 없지만, 하루건너 한 번씩 병원에 가야 하는 신세이고 보니 주말을 이용해서 먼 거리를 오갔다.

열 차례에 걸쳐 10,000km를 달렸고, 해안 길만도 3,000km에 달했다. 토요일 새벽에 출발하여 일요일 늦은 밤에 돌아오는 일정에서 잠자는 시간을 제외하면 온종일 운전대를 잡았다. 몸은 힘들어도 마음은 즐거웠다. 어둠이 걷히는 새벽녘, 보이지 않던 산 그림자가 서서히 나타나고, 운무가 산허리를 감싸안는다. 광명의 공간, 그 안에 내가 있음은 축복이고 은혜였다.

겨울바람이 매섭던 1월의 마지막 주말에 해운대에서 출발하여 강원도 통일 전망대까지 동해안 길, 봄기운이 완연하던 5월 첫 주말에 교동도 망향대에서 진도까지 서해안 길, 성급하게 다가온 더위가 6월을 덥히던 첫 주말에 해남 땅끝에서 출발하여 해운대까지 남해안 길, 삼면이 바다로 둘러싸인 이 나라의 아름다움에 감탄하고 감사했다.

차가 갈 수 있으면 최대한 해안 쪽으로 나갔다. 서해와 남해는 동해와 달리 섬이 많다. 특히 신안군은 1,004개의 섬으로 구성되어 있다. 차가 갈 수 있으면 섬 길도 마다하지 않았다. 시간이 많이 소요되었지만, 알지 못했고 보지 못했던 비경은 더없는 보상이었다.

섬과 섬이 대교로 연결된 여수 '백 리 섬섬길'은 오래도록 잊히지 않을 환상의 길이었다. 깔끔하게 정돈된 도로가 기분을 상쾌하게 하고 크고 작은 섬들이 시야에서 사라지지 않았다. 마치 섬이 나를 따라오는 것 같았다. 멀리 보이는 아치형 다리가 아름답구나 싶으면 산모퉁이를 도니 이내 닿아있다. 왼쪽으로 보이는 멋있는 다리가 낯설지 않구나 싶으면 좀 전에 지나온 그 다리다. 금계화가 흐드러지게 피어있는 길, 섬과 섬으로 연결된 활같이 휘어진 길, 혹여나 남았을 시름을 말끔히 씻어 주는 청량제였다.

나는 이번 여행을 계획하면서 세 가지 규칙을 정했다. 평소의 내 생활 철칙과는 반대되는 것이었다.

첫째가 시간을 아끼지 말자. 시간에 구애받거나 쫓기기 싫었다. 좋은 곳이 있으면 오래도록 쉬었고, 마음이 닿는 해안에선 하염없이 바다를 바라보았다. 해가 지고 어둠이 내리면 그 자리에 정박하면 되었다.

둘째가 연료를 아끼지 말자. 돌아가더라도 길이 있기만 하면 해안으로 과감히 나갔다. 이름 없는 항구에는 바다 냄새가 진하게 밴 정담이 있었다.

셋째는 식비를 아끼지 말자. 여행의 묘미 중 지역의 특미를 맛보는 것은 빼놓을 수 없는 즐거움이다. 허기를 면할 정도의 식자

재는 준비하고 있었어도 점심은 지역의 특미를 즐기려 했다. 그러나 대부분 2인분 이상 주문이었다. 신안의 짱뚱어탕 하나로 만족해야 했다. 먹는 음식에서만은 혼자여서 서러웠다.

여행을 시작하고 진행되는 과정에서 가족을 비롯한 지인들이 염려한 것은 나의 체력과 안전, 그리고 외로움이었다. 어떤 경우도 혼자는 안 된다는 아이들의 반대는 지금 아니면 기회가 없다는 절박함을 내세워 물리쳤다. 혼자여서 외롭지 않으냐고 물어올 때는 오히려 동행이 있으면 나만의 시간을 온전히 누릴 수 없다고 답했다.

긴 거리를 홀로 다닌 그 길은 오롯이 나만을 사랑했던 시간이었다. 과거의 나와 현재의 나와 미래의 내가 함께했다. 위로하고 보듬으며 다가올 미래에 대한 희망을 풀었다. 회복할 수 없는 병마를 안고 살아가고 있어도 그 안에서 미래를 꿈꾸는 나를 발견하고 흥분했다. 작고 불완전한 희망일지라도 틈을 통해 빛이 들어왔다. 주어진 환경에 불만하지 않고 지금 내가 할 수 있는 것들로 기쁨을 만들어 가는 것, 내가 배운 가장 소중한 자세였다.

이번 여행은 내 인생에 또 하나의 이정표로 남을 것 같다. 창밖으로 펼쳐진 풍경은 아름다웠지만, 그보다 더 선명하게 남은 건 내 안의 변화였다. 누구의 것도 아닌 나만을 위한 시간, 그 시간속에서 내가 얼마나 단단하고 아름다운 사람인지 다시금 알게 되었다. 바람처럼 스쳐 간 바다 위에서 나는 분명히 나를 사랑하고 있었다. 그리고 그것이면 정말로 충분했다.

삶의 무게

체중계에 올라섰다. 다행히 아직 여유가 있다. 점심은 충분히 먹어도 되겠다. 아침마다 몸무게를 확인하며 하루를 시작한다. 더워지기 시작한 5월부터 체중에 예민해졌다.

다이어트를 하거나 체형을 다지려는 게 아니다. 이틀에 한 번 혈액투석을 받는 나에게 체중 관리는 생명과 직결된 일이기 때문이다. 무더운 여름철엔 특히 민감해진다. 수분 섭취에 제약이 있어 갈증이 밀려와도 참아야 한다. 이는 통증에 버금가는 고통이다. 혈액 속 과다 수분은 심장과 폐에 무리를 주기 때문이다. 적당한 식사와 절제된 수분 섭취를 위해 매일 아침 체중계에 오른다. 나의 건강 체중은 68.5kg. 이것이 지금의 생체적 '삶의 무게'다.

유년을 시골에서 보낸 나는 늘 지게 가까이에 있었다. 초등학교 고학년 무렵엔 내 이름의 지게가 있을 정도로 지게는 내 등과

친숙했다. 소여물 장만이 주된 용도였으나, 중학생이 되면서는 농사일과 땔감 마련도 병행했다. 사람 손으로만 농사지었던 당시의 농촌에선 지게를 질 힘만 있으면 집안일에 보탬이 되어야 했다.

그 시절, 내 삶의 무게는 얼마였을까? 숙제를 못 해 선생님 회초리를 피하지 못했던 심적 두려움, 비탈밭에서 농작물을 지고 내린 하중, 땔감을 등에 지고 오르내리던 산길의 가파름, 모든 것이 유년의 무게였다. 그러나 지금 돌이켜 보면 그렇게 무겁다고 기억되지는 않는다. 또래와 몰려다니며 장난을 치던 시골의 즐거움이 있었기 때문이다.

성년이 되어서는 내 삶의 무게를 생각할 틈도 없이 바쁘게 살았다. 책임과 의무로 조여 오는 정해진 틀 안에서 이리저리 휘둘리며 정신없이 지냈다. 비교와 평가로 줄을 세우는 사회구조 속에서 개인의 자유와 권리는 틈이 없었다. 괜찮은 청년, 자랑스러운 아들, 좋은 아버지, 성실한 남편, 그 어느 역할도 가볍지 않았다. 그렇다고 어느 하나 내려놓을 수도 없었다. 지게의 무게라면 근육을 단련해 억지로라도 일어설 수 있지만, 형체 없는 중압감은 가늠조차 어려웠다.

때로는 노숙자의 삶이 부러울 때도 있었다. 말끔하게 차려입고 혼잡한 지하철에서 몸을 비비는 샐러리맨과 지하철 구석진 곳에 웅크리고 앉아 배식 시간을 기다리는 노숙자. 어느 쪽의 무게가 더 가벼울까를 상상해 보곤 했다.

결국 나를 잡아준 것은 아이들의 해맑은 눈빛이었지만, 철갑 같은 책임감의 무게는 여전히 무거웠다.

나이 들수록 삶의 목마름이 더해지는 건 단순히 남은 시간에 대한 조급함 때문만은 아니다. 이루지 못한 것들에 대한 미련이 갈증의 형태로 되살아나는지도 모른다.

얼마 전, 같은 동네에서 나고 자란 친구 넷이 저녁을 같이했다. 남녀가 함께 모인 것은 수십 년 만이라 그 자체로 즐거웠다. 식사를 마치고 근처 커피숍에서 근황을 나누던 중에 최근 남편과 사별한 친구가 "시간이 너무 아깝다"라고 안달했다. 하고 싶은 건 많은데 건강하게 살 수 있는 시간이 눈에 보인단다.

그도 그럴 것이, 부부의 이별은 마른하늘 날벼락이었다. 갑작스러운 남편의 부재는 그녀의 삶을 송두리째 바꿔놓았다. 준비되지 않은 운명 앞에서 담담히 맞서려는 그녀의 결연함이 삶의 무게를 가늠하게 했다.

요즘에는 집 앞 개천에 운동하는 중장년 남성이 부쩍 많아졌다. 베이비붐 세대의 은퇴가 본격적으로 진행되고 있는 현상이다. 남은 생이 순탄치 않음을 알기에 몸을 단련하여 건강을 유지하려는 의지가 느껴진다. 무병장수는 인류 공통의 욕망이니 무리가 아니다. 그런데 왜일까? 책임의 무게는 어느 정도 덜어낸 듯한 이들의 얼굴이 그리 밝지가 않다.

표정 없는 얼굴로 걷고 달릴 뿐, 발 앞의 쓰레기에도, 마주 오는 사람에게도 눈길을 주지 않는다. 몸은 단단해질지 몰라도 마음은 오히려 빈약하고 초조해 보인다. 홀가분한 마음으로 가볍게 걸을 만도 한데, 처진 어깨와 무거운 발걸음은 여전히 삶의 무게를 말한다. 그들의 모습에서 별반 다르지 않은 나를 발견한다. 내려놓았다고 여겼던 무게가 다시금 느껴질 때면 나도 모르게 한숨을 뱉는다.

지나온 세월, 삶의 무게와의 사투는 언제나 치열했다. 쟁취하려는 몸부림이 아니라, 잃지 않으려는 발버둥이었다. 바라건대, 남은 생에는 그런 치열함이 없었으면 좋겠다.

욕망은 인간 본성이다. 눈은 보려는 욕망이 있고, 손은 잡으려는 욕망이 있으며, 뇌는 끊임없이 생각하려 한다. 이런 욕망은 종종 외눈박이처럼 남의 것을 좇게 한다. 자신의 가치를 제대로 보지 못한 채 시류에 흔들리게 한다. 갈피를 잡지 못하고 흔들리는 욕망은 참기 힘든 고통을 안고 온다.

욕망에 흔들리지 않으려면 마음의 근육을 길러야 한다고 했다. 늙어가는 인생길에 필요한 것은 마음을 단련하는 심근 훈련이다.

삶의 무게를 덜어내는 진짜 방법은 무엇일까? 고통이 나를 붙잡고 있는 게 아니라, 내가 고통을 붙잡고 있는 건 아닐까?

24

고개를 돌려
마음을 열어라

염절炎節의 끝자락이다. 바둥대던 열기 위로 소나기가 스쳐 지나간 뒤였다. 에어컨 실외기 위에 비둘기 한 마리가 내려앉았다. 온몸이 흰색인데 꼬리만은 검고, 끝부분은 다시 흰색으로 물들어 있었다. 성찬은 고사하고 물 한 모금조차 없는 이곳에서 피곤한 날개를 접은 작은 생명체가 애잔하게 다가왔다.

나도 창틀에 자리를 잡았다. 적막한 집에 찾아온 유일한 손님이니 귀히 맞아 세상 이야기를 나눠보고 싶었다. 마주친 눈동자가 낯설지 않다. 초면이 아닌 듯하여 친근감이 더해졌다. 녀석은 고개를 요리조리 돌리며 까만 눈동자를 쉴 새 없이 굴렸다. 혹시 모를 공격을 경계하는 본능적인 몸짓 같았다.

"내치지 않을 테니 편히 쉬거라."

속으로 중얼거렸지만, 알아들었을 리 없다.

"배설만은 삼가렴."

하지만 생리 앞에서 예의는 무력했다. 소화 기관을 가진 모든 생명체가 그러하듯 어쩔 수 없는 일, 오히려 살아 있음을 증명하는 것이니 축하할 일이지 않으냐며 항변하듯 쳐다본다. 그렇다. 지성의 결정체라 불리는 인간도 참을 수 없는 고통 앞에서는 때와 장소를 가리지 않는데, 하물며 새가 어떻게 참을 수 있겠는가.

이 집으로 이사 온 지 몇 달 되었을 때였다. 베란다 난간에 비둘기 두 마리가 앉아 집 안을 들여다보고 있었다. 한 쌍의 원앙 같았다. 평화를 상징하는 비둘기의 방문은 특별한 의미로 다가왔다. 그날 찾아온 녀석이 초면이 아닌 듯했던 것은 어쩌면 그날의 비둘기여서가 아닐까? 마음 한구석에 작은 기대가 피어났다.

그런데 왜 홀로 왔을까? 세월이 견디지 못한 이별을 안겨 준 것일까. 유난히 쓸쓸해 보이는 눈동자에 내 마음이 젖어 든다. 외로워 우는 새의 소리는 더욱 구슬프다. 며칠 밤마다 들려오던 '구구국 구구국' 울음이 혹시 연모의 절규였던가. 정곡을 찔렀는지 녀석은 홀쩍 날개를 펴고 날아올랐다. 들켜버린 슬픔에 등을 보이는 건 새나 사람이나 다르지 않나 보다. 나이 들어 맞이하는 이별이 무엇이 흠이랴. 오는 바람은 가슴에 안고, 가는 바람은 등으로 보내는 삶의 순리를 이제는 알 만도 한데, 빈자리를 남긴 베란다에는 쓸쓸함만 가득했다.

여름 끝을 붙잡은 듯 힘 빠진 매미의 울음이 애처롭다. 지나가는 바람이 저 너머에 가을이 왔음을 귀띔한다. 붉은 노을이 베란다에 스며드니 비둘기가 남기고 간 흔적에 파동이 인다.

"고개를 돌려 마음을 열어라."

순간 뜨끔했다. 예리한 칼끝이 가슴을 스치듯 아려왔다. 남의 시선은 상관없다며 내 주관대로 살겠다던 지난날의 다짐이 교만이요, 오만이었음을 깨닫는다.

사람이 드나들어야 집이 흥한다는 말은 이제 옛말이 되었다. 문명이 발달하며 개인의 삶이 존중받는 시대가 되었지만, 그 명분 아래 사람의 온기가 사라졌다. 인터넷이라는 문물은 집 안으로 모든 것을 끌어들이며 인간관계를 선택의 대상으로 만들었고, 상호 소통은 줄어들었다. 배려도, 양보도, 이해도 점점 희미해졌다. 황폐해진 심장은 자기중심적 사고로 무장했고, 외톨이는 더 이상 예외가 아닌 시대의 한 얼굴이 되었다. 벌집 같은 아파트에 찾아오는 이는 택배 기사와 배달원뿐, 그마저도 문 앞에 물건을 두고 초인종 한 번 누르고 사라진다. 우리는 지금, 무정의 시대에 살고 있다. 그리고 그 안에 내가 있다.

해가 갈수록 하지 말라는 것이 늘어난다. 건강이라는 이름 앞에 하나둘 포기하는 나이가 되었다. 술과 담배를 끊으니 함께하던 친구들이 멀어졌다. 사람과의 벌어진 거리는 마음을 침전시키고, 고요한 집은 더 깊은 적막에 잠긴다. 말하지 않아도 뭐라 할 이 없으니 어느새 말수가 줄고, 행동반경도 좁아졌다. 어떤 날은 "안녕하세요", "수고하세요", "감사합니다" 세 마디로 하루를 보낸다.

말을 지나치게 아끼다 보니 혀 근육이 굳는다. 불현듯 걸려 온 전화에 어눌한 발음이 새어 나올 때면 나조차 놀란다. 몸을 쓰지 않으니, 근육도 서서히 사라진다. 늙음에 가속도가 붙는 듯하다. '좋아하는 사람은 많으나 싫어하는 사람은 없다'라며 나를 다독였지만 착각이었다. 내 덫에 내가 걸렸다.

"나이 들수록 입은 닫고 지갑은 열어라"라는 말이 있다. 이제는 반대다. 말은 뇌를 깨우고, 지갑은 노후의 마지막 보루다. 그래서 시작한 것이 맨발 걷기 운동이다. 발바닥에 전해지는 흙의 감촉이 정겹다. 열 명 남짓 되는 사람들이 운동장을 묵묵히 걸어간다. 아마도 모두 건강한 몸으로 오래 살고 싶은 간절함에 이곳에 모였을 것이다. 대부분 묵언 수행 중인 듯 조용하다.

남자라는 무게감도 때로는 거추장스럽다. 먼저 다가와 인사하는 연장자를 볼 때마다 죄송함보다는 존경심이 앞선다.

"안녕하세요, 오늘은 꽤 덥죠."

마음속에 눌러앉은 말을 겨우 끌어내 입 밖으로 내보냈다.

"네, 안녕하세요."

돌아온 대답에는 상냥한 미소와 따뜻함이 묻어 있었다. 그러나 거기까지였다. 더이상의 대화는 이어지지 않고, 각자의 걸음에 집중한다.

"고개를 돌려 마음을 열어라."

비둘기가 남기고 간 파동이 오래도록 마음에 남는다.

지금껏
잘해 온 거 맞지

얼마 전 내 생일이었다. 군 공무원인 큰아들과 해외에 있는 작은아들이 함께하지 못해 죄송하다며 축하금을 보냈다. 축하의 말과 함께 이불을 바꾸라는 말도 동봉했다. 이제는 논쟁도 내 고집도 필요 없다는 의미인지 예상하지 못한 금액을 보냈다. 내 보호자 역할을 하는 아들의 말에는 묵직한 책임감이 실려 있다.

나이가 들면서 숙면하지 못하고 새벽에 자꾸 깼다. 나만 그런가 싶었는데 친구들도 같은 고민을 하고 있었다. 말짱한 정신으로 어둠과 마주하는 시간은 그야말로 고문이다. 아이들의 처방은 엉뚱하다. 이불을 바꾸라고 한다. 지금의 이불이 내 몸과 함께한 지 십 년을 넘었으니 그런 말을 할 만도 하다.

"아빠! 이참에 이불을 바꿔요. 잠자리는 분위기 전환도 중요해요.”

“세탁만 잘해 주면 되는데 멀쩡한 이불을 왜 버리냐.”

“이불을 이렇게 오래 쓰는 사람은 없어요. 절약도 심하면 궁상입니다.”

“남이 보는 것도 아닌데 궁상은 무슨 궁상.”

매번 이런 식이었다.

사실, 내가 고집을 부린 것은 돈만의 문제는 아니었다. 이불은 나에게 체온을 보호하는 기능적 역할 그 이상의 의미다. 편안한 잠자리를 함께하는 동반자다. 그 정겨움으로 사계절을 같이 지낸다. 극세사의 촉감이 얼굴에 닿거나 사타구니에 감기면 포근함이 주는 안정감은 사람보다 낫다. 마치 하루의 피로를 위로받는 것 같다. 그뿐이 아니다. 삶의 고통이 억울하여 통증이 가슴을 때릴 때 나를 감싸안고 위로해 준 것도 이불이다. 말하지 못한 기쁨에도 꺼내기 어려운 슬픔에도 그는 언제나 내 편이 되어 주었다.

지난해, 짧은 봄이 가고 긴 여름이 왔을 때, 오뉴월 감기는 개도 안 걸린다는 몸살감기가 들었다. 상비약과 꿀 한 잔을 마시고 이불 속으로 파고들었다. 온몸을 엄습하던 한기는 사라지고 언제 잠들었는지 새벽녘에 가벼운 몸으로 일어났다. 이불은 땀으로 흠뻑 젖어 있었다. 내 몸의 불순물을 오롯이 받아내었다.

나는 그에게 수많은 질문을 했다. 그때마다 말은 할 줄 모르나 무수히 많은 언어로 대답해 주었다.

“괜찮다.”, “잘했다.”, “걱정하지 마라.”, “잘될 거다.”

그는 언제나 내 편에 서 있었다. 혼잡한 생각으로 잠 못 들고 뒤척일 때도 내 곁을 떠나지 않았다. 무더운 여름에도 그의 품이 없으면 나는 잠들지 못했다.

새로 온 비닐 보따리와 100리터 쓰레기봉투를 방으로 들였다. 포장지를 뜯었다. 이불은 포장지 속 비닐 가방에 들어 있었다. 인터넷으로 결정한 제품이라 조금은 걱정했는데 생각보다 부드러움과 포근함을 지니고 있었다. 잘 선택한 것 같아서 안심이다.

이제는 보내야 한다. 아침도 저녁도 아닌 애매한 시간. 무작정 극세사 이불을 일으켰다. 내 엉뚱한 행동에도 묵묵부답이다. 내가 어떤 일을 하려는지, 무슨 말을 하려는지 알고 있다는 듯이.

새 이불이 침대를 차지했다. 낯선 곳에 왔는데도 편안하고 당당해 보인다. 마치 여기가 내 자리였다는 표정이다.

어찌하리, 십수 년을 함께 지낸 나의 친구, 나의 연인, 나의 어머니 같았던 그를. 이제는 보내야 할 차례다. 방바닥에 내려놓은 그를 보았다. 가지런한 자세로 앉아 있는 그를 보는 순간 내 가슴도 먹먹해져 온다. 그는 아무 말도 하지 않았지만, 나는 그가 울고 있다는 걸 알 수 있었다. 단지 섬유질일 뿐인데도 나는 그의 표정을 보고 그의 마음을 느꼈다.

나는 그에게 마지막 질문을 한다.

"나 지금껏 잘해 온 거 맞지?"

나는 100리터 쓰레기봉투가 아닌 새로 온 이불 가방에 그를 넣고 있었다.

머뭇거릴
여유가 없다

내가 초등학교에 들어갔을 때는 '바른생활'이라는 교과목이 있었다. 그때는 초등학교를 '국민학교'라고 했으니 까마득한 옛날이다. 바른생활 교과목은 국어와 함께 매우 중요하게 다루어졌다. 인간의 예와 도리, 그리고 사회 질서의 기본을 배우는 매우 중요한 시간이었다.

기억으로는 이 시간에 어른 공경과 본받을 사람에 대한 존경을 배웠다. 선생님이 존경하는 사람이 누구냐고 물으면 대다수가 이순신 장군 또는 세종대왕 같은 위인들을 호명했다. 간혹 선생님이나 부모님이라고 말하는 아이도 있었지만, 그런 경우는 드물었다. 존경이라는 것이 우리 역사에 위대한 업적을 남기거나 선한 영향력을 가진 사람을 받드는 것이라고 배웠다.

나는 선생님을 존경한다는 생각을 한 번도 해보지 못했다. 오히려 두려워하거나 미워했다. 우리 선생님은 아이들을 체벌하면서 회초리를 가지고 다니지 않았다. 왼손으로 볼을 잡고 오른손으로 뺨을 때리는 '뺨따귀'가 특기였다. 얼마나 찰지게 후려치는지 지금 생각해도 정신이 혼미해진다. 고통보다 참기 힘든 것은 모멸감이었다. 당시는 아이의 자존심이나 인권은 전혀 존중받지 못했다.

존경과 존중이 수직 관계가 아니라 수평 관계라는 것에는 이론이 없다. 그러나 어른과 아이로 대상을 좁혀 보면 달리 생각할 여지가 있다. 이제 체벌은 사라졌지만, 아이들은 존경할 대상을 찾지 못하고, 어른들은 아이들을 존중하기보다 "요즘 아이들은 버릇이 없다"라고 단정해 버린다.

지금의 초등학교에서 존경의 의미와 가치를 가르치는지는 모르겠으나 설사 가르친다고 하더라도 존경하는 사람이 누구냐고 물으면 아이들이 뭐라고 답할지 궁금하다. 유명 연예인이나 유튜버를 지명할지, 아니면 좋아하는 사람을 지명할지.

존경의 의미조차 모르고 있는 것이 현실이 아닐까 싶어 걱정이 앞선다. 중고등학생이나 청년층에서는 존경의 의미는 알겠지만 존경하는 인물을 선뜻 말하는 사람이 몇이나 될지. 원인이 어디에 있든 청소년의 심성에 존경하는 사람이 없다는 것은 슬픈 일이다.

가장 큰 원인은 고도로 발달한 자본주의 편리함에 있다. 돈보다 더 큰 가치는 없다고 판단해 버린 오류의 결과물이다. 돈에 굴복한 언론, 돈에 잠식된 정치, 그리고 돈에 흔들리는 기성세대는 결국 존경이라는 가치를 허물고 말았다.

내가 다니는 병원에는 20여 명의 간호사가 3교대로 근무한다. 이제 막 간호대학을 졸업하고 온 20대부터 자식을 출가시킨 40년 경력의 60대 간호사까지 다양한 연령대다. 신입 간호사 처지에서 볼 때 최고 선임자는 자신의 엄마보다 나이가 많을 수도 있다. 역으로 최선임자는 딸보다 어린 신입사원을 데리고 가르치고 보듬으며 현장 적응을 시키고 있다.

그런데 나이 차이가 이렇게 커도 호칭은 모두가 '샘(선생)'으로 일률적이다. 아무리 나이가 어려도 이름을 부르거나 반말하는 경우는 없다. 성 뒤에 '샘'을 붙여 '성 샘'이라 하던지 이름 뒤에 '샘'을 붙여 '춘향 샘'이라고 부른다. 처음 볼 때는 낯설었으나 지금에서 보면 상대를 존중하고 있다.

존경과 존중을 따로 떼어놓고 고민해서는 안 된다고 생각한다. 예전 같은 일방적인 존경은 설득력이 없어졌다. 존경과 존중이 수평이냐 수직이냐를 따지는 것은 무의미하다. 둘은 상호 의존적 본성으로 엮여 있어서 존중받지 못한 이가 누군가를 존경하긴 어렵다. 존중이 있어야 존경심이 발동한다는 것을 자각하고 답을 찾아야 한다.

어른의 관점에서가 아니라 아이의 관점에서 그들의 문화를 이해하고 존중할 때, 아이들을 비로소 존경의 대상을 찾아내지 않을까?

지난날 우리처럼 이순신 장군이나 세종대왕같이 존중받지 못하는 일방적 존경은 불가능하다. 언제든지 공감하고 소통하는 부모나 선생님이 존경의 대상이 되어야 한다. 그래야만 성장 과정에서 멘토로서 선한 역할을 하게 된다.

존중과 존경에는 반드시 진심이 담겨야 한다. 유명인이나 위인들을 존경의 인물로 선택하지 않는 것은 그들에게서 존중의 감정을 느낄 수 없기 때문이다. 지금의 아이들은 가르친 대로만 기억하지 않는다. 특히 감성이 동반된 이론에는 더욱 그렇다.

존경이 먼저냐, 존중이 먼저냐 하는 논쟁이 일어난다면 나는 존중이 먼저다. 강물이 위에서 아래로 흐르듯 어른이 먼저 아이들을 이해하고 보듬는 것이 순리다. 사라진 존경과 존중은 고도성장 과정에서 기성세대가 밀쳐놓은 잘못이 있다. 일말의 책임감을 느끼고 제자리를 찾도록 해야 한다. 존중의 씨앗을 뿌려 존경의 열매를 맺기까지 적지 않는 시간이 필요하다.

기계가 세상을 지배하는 시대가 눈앞에 왔다. 자칫하면 인간성의 소중함이 기계의 편리함에 밀려나게 될 날도 멀지않았다. 그래서 머뭇거릴 여유가 없다.

두려워 마라,
평온함이 너에게 있다

갯벌을 드러낸 바다는 텅 비어 있었다. 인적 없는 외진 곳, 가을걷이 끝난 들판에 홀로 선 허수아비처럼 바다는 쓸쓸해 보였다. 바람 속을 날뛰는 하얀 물 머리는 아직 저 멀리 있었다. 만조까지는 세 시간이 남았으니, 시간은 충분했다.

차에서 짐을 내렸다. 카메라 가방 하나, 삼각대 두 개, 우산과 물, 모자, 장화를 메고 들고 쓰고 싣고 갯벌 위를 걸었다. 해안선에 걸쳐진 모래톱 위로 숲을 이루고 있는 갈대를 돌아서면 폐선이 있다. 낡고 부서진 채 해안 구석에 버려졌지만, 나는 폐선에서 우리의 아버지를 연상한다. 거친 새벽 바다를 헤치며 가족을 위해 숨 가쁘게 살아낸 가장의 모습이 그 안에 배어 있다.

카메라 촬영은 만조 두 시간 전에 들어간다. 아직 한 시간의 여유가 있다. 장비를 내리고 삼각대를 정면과 우측에 설치했다. 카메라를 연결한 후 파도에 흔들리지 않게 단단히 고정했다. 태풍 '종다리'는 이미 한반도를 벗어났다지만, 예보된 비 소식이 마음에 걸려서 하늘을 수시로 올려다보았다.

어느새 물이 시야에 들어왔다. 파도는 바람을 등에 업고 힘차게 밀려들었다. 조류가 강한 탓도 있지만, 회색 거품을 품은 물살이 빠르게 몰려왔다. 평소 보지 못했던 위세였다. 카메라를 작동시키고 뒤로 물러났다. 파도는 예상보다 훨씬 강했다. 근래에 보지 못한 서해의 물살이었다. 바닥에 고정된 뱃머리가 요동쳤다. 원하는 장면을 얻지 못할 가능성이 짙어졌지만, 별다른 방법은 없었다. 배가 파도에 완전히 잠긴 뒤 카메라를 거두었다. 다행히 결과는 괜찮았다.

바다는 만조다. 파도는 기세등등하게 일렁였다. 산자락 아래 키 낮은 바위들을 여지없이 삼키고 뱉었다. 사뿐히 다가오던 밀물이 아니었다. 으르렁거리며 발끝을 넘보던 파도는 조금씩 물러나기 시작했다. 썰물이 시작된 것이다. 한 시간쯤 지나면 배가 모습을 드러낼 것이다. 나는 다시 카메라를 설치할 생각으로 시간을 기다렸다.

먼바다로 시선이 떨어지는 순간 긴장이 밀려왔다. 물 끝과 닿은 산등성이 위에 검은 구름이 걸려 있었다. 소나기의 기세가 분명했고 희뿌연 안개가 산으로 내려오고 있었다. 서둘러야 했다. 썰물 때쯤 비가 올 거라던 예보가 빗나가지 않았다. 가방을 메고

양손에 삼각대를 들었다. 그러나 돌아갈 길은 아직도 물속에 잠겨 있었다. 다행히 갈대숲으로 이어지는 산자락 쪽 모래톱에는 여유가 있었다. 망설임 없이 길을 잡고 나갔다. 얼마 못 가 멈췄다. 모래톱 너머에 산자락은 여전히 파도에 잠겨 있었다. 가슴까지 오는 장화라면 몰라도 무릎 장화로는 어림도 없는 깊이였다. 다시 갈대숲으로 돌아와 물이 빠지기를 기다리기로 했다.

앞에는 갈대 사이로 밀려온 하얀 파도가 혀를 날름거리고, 뒤에는 석축이 한 뼘 차이로 버티고 있었다. 발 디딜 틈 없는 공간. 검은 구름이 이내 머리 위로 밀려왔다. 굵은 빗줄기가 쏟아졌다. 모자를 벗어 바닥에 깔고, 가방을 멘 채로 웅크리고 앉았다. 우산을 폈지만, 바람에 휘청이는 우산 속으로 비는 계속 들이쳤다. 몸을 최대한 우산 속으로 구겨 넣었다.

비바람에 갈대들은 거칠게 몸부림쳤다. 낯선 자의 방문이 못마땅한 듯 서걱거리는 소리로 위협했다. 그때, 오른쪽 눈 위로 뭔가가 스쳤다. 사람의 눈을 파먹는다는 사마귀라는 생각이 직감적으로 들었다. 본능적으로 손을 뻗어 털어냈다. 사마귀였다. 땅에 떨어진 녀석은 삼각형 머리에 날카로운 두 눈을 가지고 있었다. 노려보는 눈매가 심상치 않았다. '죽여야 한다'라는 생각이 번개처럼 스쳤다. 정글의 생존 본능 같은 것이었다. 나뭇가지를 움켜쥐고 사정없이 내리쳤다. 목이 꺾인 사마귀는 물 위에 뜨더니 파도에 실려 떠나갔다.

그때부터 두려움이 엄습했다. 발 앞에서 날름대던 파도는 두렵지 않았다. 점점 멀어지고 있었으니까. 문제는 뱀이었다. 축축한 습지 속, 소리 없이 다가오는 파충류. 등 뒤는 석축이다. 그 돌 틈 어딘가. 시골에서 흔히 보던 뱀굴이 떠올랐다. 몸이 오그라들었다. 눈을 감았다. 한참을 그렇게 있었다. 비는 여전히 억수같이 쏟아졌다. 그때, 파도가 속삭임을 들었다.

"인생이란 내 맘대로 되는 게 있었던가. 원하지 않는 곳에 어느 날 서 있었고, 돌아설 수 없어 부딪쳐 살다 보니 그곳에도 행복이 있었지. 운명이려니 받아들이고 걷다 보니 세월은 강물처럼 흘렀고, 굽이진 길 위에 우두커니 선 나를 발견했을 땐 이미 나이는 저만치 가 있더라. 그러니 두려워하지 말라. 평온함이 너에게 있다."

파도는 물러갔다. 바람에 흔들리는 갈대의 춤사위를 멍하니 바라보았다. 바람은 시원했고, 우산 위로 내리꽂던 빗소리는 청아했다. 두려움에 졸아들었던 마음은 평온해졌다.

억수 같은 빗줄기가 가늘어지고 있었다. 갈대숲 너머 먼 하늘은 검은 구름을 걷어냈다. 썰물은 한 시간쯤 지난 듯했고, 움츠렸던 몸의 세포들이 다시 꿈틀거렸다. 잠겼던 산자락의 모래톱이 이제는 희미하게 모습을 드러냈다. 무릎 장화로도 건널 수 있을 듯했다. 장대비 속에 버려진 삼각대를 주워 들고, 웅크렸던 자리를 돌아보았다. 아무 흔적도 없었다. 내가 그토록 두려워하며 앉아 있던 그곳은 아무 일도 없었다는 듯 고요히 빗방울만 받아내고 있었다. 마치 두려움의 끝에는 평온이 있다는 것을 말하고 있는 듯이.

새로운
질서

꿈을 꾸었다. 친구 두 명과 함께 운전기사가 딸린 대형트럭을 타고 어딘가로 향하고 있었다. 적재함엔 모래주머니가 실려 있었고, 어딘가로 배달 가는 중인 듯했다. 트럭은 개울과 돌출된 턱 같은 장애물을 거침없이 넘었다. 마치 탱크처럼 무엇에도 막히지 않았다.

도심을 훌쩍 벗어나 한참을 달린 뒤, 트럭은 비포장 흙길을 천천히 오르기 시작했다. 먼지조차 일지 않을 만큼 느린 속도였다. 주변 산세는 황량했고, 소나무 몇 그루가 드문드문 보일 뿐이었다.

굽이도는 산길을 오르던 중, 갑자기 천지를 울리는 듯한 물소리가 들렸다. 고개를 돌리니 폭포수가 천 길 아래로 굉음을 내며 떨어지고 있었다. 높은 산도 아닌데 물은 맑고 수량은 풍부했다. 어이없는 풍경에 기이한 느낌이 들었다.

차가 다시 한 굽이를 돌아들자, 눈 앞에 펼쳐진 광경에 숨이 멎을 뻔했다. 에메랄드빛 호수가 한 자락 모습을 드러내더니, 점점 넓어지며 하늘과 맞닿은 수평선까지 이어졌다. 순간 바다인가 착각할 정도였다. 아까 본 폭포가 이해되었다. 이 호수가 바로 그 폭포의 원천이었다.

호수를 오른쪽에 두고 차가 왼쪽으로 돌아갔다. 아담한 기와집 한 채가 모습을 드러냈다. 목적지였다. 그곳에는 집주인과 친구가 살고 있었고, 다른 남자 둘이 와 있었다. 운전기사는 그들과 익숙한 듯 보였다. 우리는 모래주머니를 내린 뒤 주변을 둘러보았다.

호수는 멀리서 보아도 여전히 신비로웠다. 수평선 위에 낮게 깔린 물안개가 몽환적인 분위기를 자아냈고, 수양버들이 안개 속에 신비롭게 서 있었다. 순간을 놓칠 수 없어 얼른 핸드폰을 꺼내 사진을 찍었다. 그야말로 전인미답의 무릉도원이 따로 없었다.

운전기사가 말했다.

"개울을 하나 더 건너 한 굽이를 돌면 더 멋진 풍광이 나와요."

그는 그곳을 잘 알고 있었다.

돌아오는 길에도 폭포는 여전히 그 웅장한 기세를 뿜어내고 있었다. 집에 돌아와 사진을 확인해 보니, 촬영지 주소가 '청심로

4길'로 표기되어 있었다. 그 신비한 곳에 이런 평범한 주소가 매겨져 있다는 사실이 오히려 더 놀라웠다.

꿈을 늘 꾸지만, 대부분은 기억나지 않는다. 그런데 이번 꿈은 이상하게도 지금까지 생생하다. 잠에서 깨어난 뒤에도, 에메랄드빛 호수와 안개 속 수양버들이 머릿속에 또렷이 남아 있었다. 그제야 깨달았다. 이건 단순한 꿈이 아니었다. 내게 던져진 메시지, 새로운 삶의 길을 가리키는 표지였다.

"꿈은 해몽이 좋아야 한다."

해몽엔 별 재주 없지만, 내 꿈이니 내 마음대로 해석했다.

청심로 4길.

"자신의 운명에 실망하지 마라. 마음을 맑게 하고, 몸을 정갈히 하라. 그러면 무릉도원 우복동에서 영원히 살게 될 것이다."

나는 그렇게 받아들였다.

이런 꿈이 왜 내게 왔을까? 그리고 왜 그리 선명히 남았을까?

작년 가을 혈액투석을 시작한 지 3년째 되던 어느 날, 느닷없이 찾아온 뇌졸중은 그나마 버티고 있던 나를 쓰러뜨렸다. 처음엔 황당했고, 곧 원망이 밀려왔다. 내 삶이 억울했다. 끝내 절망했다.

내 삶의 이력을 아는 지인이 "너 인생은 왜 이리 꼬이냐, 안타까워 죽겠다"라며 눈시울을 붉혔다. 나도 울었다.

엎친 데 덮친 격으로 대뇌동맥류가 발견되었고, 언제 터질지 모르는 '뇌 속 시한폭탄'을 가지고 살고 있었다. 수술은 뇌졸중 상처가 아물어야 가능하다고 했다. 3개월을 기다리며 불안한 시간을 견뎌야 했다. 재활 치료를 시작하자 차츰 안정을 찾았다. 치료사는 말했다.

"건강할 때 단련된 운동신경이 되살아나고 있습니다."

그 말은 위로가 되었다. 6개월쯤 지나면 예전 모습으로 돌아갈 수 있을 거라는 희망이 생겼다. 마음이 가라앉자 책을 읽을 여유도 생겼다.

4개월 후 수술은 무사히 마쳤고, 다섯 달 만에 집으로 돌아올 수 있었다. 그날의 하늘은 유난히 푸르고, 마당의 벚나무는 꽃망울을 터뜨리고 있었다.

평론가 고미숙은 《동의보감, 몸과 우주 그리고 삶의 비전을 찾아서》에서 이렇게 말했다.

"사람은 태어날 때 이미 만병의 근원을 가지고 나온다. 건강이란 무병이 아니라 미병未病의 상태일 뿐이다. 병이 나았다 함은 미병으로 돌아갔음을 의미한다. 완치는 없다. 단지 몸 안에 새로운 질서가 시작될 뿐이다."

이 말을 곱씹었다. 새로운 질서란 무엇일까?

미병이 병이 되기까지 마구잡이로 이어온 나쁜 습성들이 있었다. 지나친 음주와 흡연, 스트레스, 조급함, 독선, 이것들이 지난날 나와 함께해온 습관이다. 이제는 그들과 결별해야 한다.

해가 뜨면 일하고, 달이 뜨면 쉬어야 한다. 그것이 음양의 순리다. 오장육부도 이 리듬에 맞춰 작동한다. 늦은 밤 음주와 야식은 몸의 질서를 무너뜨리는 행위다.

욕심을 비우고, 마음을 안정시키고, 적절한 운동으로 순환을 돕고, 손상된 유기체를 인정하는 것. 어딘가 있을 긍정의 힘을 다시 세우고, 우울을 벗고 설렘을 찾아가는 것. 병 이전으로 돌아가는 것이 아니라, 지금의 몸과 마음에 맞는 새로운 생의 리듬을 찾는 것. 그것이 내가 순응해야 할 새로운 질서다.

아침 햇살이 거실을 채운다. 여인초의 새잎이 햇빛에 반짝인다. 모든 것이 새로운 질서 속에 들어선 것 같다.

멀어져 간
환갑 선물

 복도에서 새어드는 가는 불빛이 방안의 어둠을 밀어내고 이따금 지나는 간호사의 발소리가 고요를 깬다.

 달아난 잠을 쫓아 이리저리 뒤척이지만, 가슴에 안겨 오는 것은 침대의 철 난간이다. 돌아눕기조차 힘든 좁은 침대에 갇혀 밤잠을 설치고 있다. 억지로 눈을 감고 있자니 기억하고 싶지 않은 잡념이 구름같이 밀려온다. 마치 폭우를 품은 먹구름이 산마루를 넘어오고 있는 것 같아 두려움이 앞선다.

 어렴풋이 보이는 미래는 비참하다. 질병의 진흙탕 속에서 힘없이 허덕이는 노인의 가련한 모습이 애처롭다. 차라리 눈을 뜨자. 반듯하게 누운 시선으로 천정의 회색 패널이 성큼 다가온다. 직사각형의 패널은 어느새 TV의 화면이라도 된 듯 인간의 삶을 다

큐멘터리로 그려낸다.

열심히 살아야 했던 시절이었다. 40대 가장이라면 어느 누가 허투루 살겠느냐마는 짝을 잃은 아비 새의 날갯짓은 언제나 힘겨웠다. 어미 새의 역할도 포기할 수 없는 몫으로 있었으니, 이중의 고통을 감내했다. 매 순간 고비를 아슬하게 넘기고 있었다. 질 얕은 경험은 생의 의미와 깊이를 알게 했다.

친구가 위로랍시고 "많은 경험이 삶의 가치를 살찌게 했으니 너의 40대는 부의 시기였다"라고 한다. "어림도 없는 소리 함부로 하지 마라"며 화를 내지만, 고통을 통해 치유의 기쁨을 알았고, 부족함을 통해 만족의 부피를 키웠으니, 그의 위로가 억지는 아니었다.

여름 땡볕이 내리쬐는 8월 첫날에 50대 중년이 겁 없이 페달을 밟았다. 몸으로 스며드는 뜨거운 열기는 마주 오는 바람이 말끔히 식혀 주었다. 밤바람에 실려 오는 싱그러운 풀 냄새와 꽃향기는 닫혔던 가슴을 열어 젖었다.

"너의 영혼은 자유다. 마음껏 외치고 누려라."

내 안에 있는 또 다른 내가 앞서가며 소리쳤다. 안동에서 부산까지 낙동강 종주를 시작으로 제주도 종주까지 마쳤다. 인증서와 메달이 집으로 오던 날, 과감히 도전했던 50대의 젊음이 자랑스러웠다. 그때부터 60대의 꿈을 그렸다.

환갑 선물로 캠핑카를 선택하고 적금을 시작했다. 애당초 수천만 원에서 수억을 호가하는 고급 캠핑카는 언감생심, 내 것이 아니다. 중고 승합차를 개조하여 잠자리와 수납장을 만들면 손색없는 캠핑카가 된다. 차량 포함 2천만이면 충분했으니 무리한 것도 아니다.

캠핑카를 벗 삼아 산천을 떠도는 60대를 상상하니 세월의 더딤이 원망스러웠다. 기본적 살림살이와 이부자리, 노트북만 실으면 완벽한 자유로움의 시작이다. 어디를 가도 두려울 게 없다. 해지면 멈추는 곳이 정박지다. 보고 경험하고 느껴지는 것 모든 것이 여행이다.

봄이 오면 지리산으로 가리라. 어지간한 곳은 경지정리를 해서 이양기로 모내기를 하지만, 다랑논에는 아직도 못줄을 놓고 손으로 심는다. 촌놈의 기질이 발휘되어 논에라도 들라 하면 손과 발로 전해지는 진흙의 순박함을 오롯이 느끼리라. 어수룩한 일손이나 새참으로 나오는 시원한 국수와 막걸리 한 잔의 성찬은 누릴 수 있으리.

여름이면 경상도로 갈 것이다. 육종 마늘의 의성이 제격이다. 모자라는 일손이니 허접한 손놀림도 마다하지 않을 터, 보탬이 되었으면 떠나는 길손에게 마늘 한 접은 쥐여줄 것이니 유랑자의 한 해 양념으로 넉넉지 않겠는가. 덤으로 주는 진한 정을 어찌 두고 온단 말인가.

가을이면 청송으로 가리라. 붉을 빛깔의 사과가 사람 손길을 기다리는 풍요의 시기다. 제때 수확하지 않으면 좋은 값을 받지 못하니 여행객의 서툰 일손인들 백 년 사위보다 못할까. 혹여 솜씨가 특출하여 며칠 묵어갈라치면 두둑한 여비도 마련될 것이니 도랑 치고 가재 잡는 격이라 이보다 더 멋진 여행이 없음이다.

겨울이면 강원도로 들 것이다. 아침에 일어나면 허리까지 차오르던 유년 시절의 하얀 눈은 온 세상을 순백의 포근함으로 안아주었다. 함박눈을 맞으며 어린 시절의 동심으로 60대의 나를 보리라. 삶의 쳇바퀴에 찌들어져 상처 입은 내 영혼을 달래리라. 기름탱크 가득 채우고 쌀 한 포대 싣고 가서 한 열흘 눈 속에 갇히고 싶은 마음이 살아오는 동안에 적잖이 있었다.

안락의자에 기대앉아 부서지는 파도를 마주한다. 붉어지는 바다를 바라보는 남자의 뒷모습에 고독이 흐른다. 그의 손에 들린 머그잔에서 은은하게 풍기는 커피 향기는 쓸쓸한 남자의 맑은 영혼이다. 이 얼마나 낭만의 극치인가.

황혼이 물드는 서해의 낙조도 이보다 덜하지 않으니 어디를 가더라도 자유와 낭만이 넘쳐난다. 이보다 더 성공한 인생이 또 어디 있으리. 만남으로 감동하면 시가 되고 수필이 되는 여행을 상상하며 환갑을 기다렸다. 아픔을 간직한 채 하염없이 흘러간 애절한 시절을 보상하고 싶었다.

분에 넘치는 꿈이었던가! 2018년 6월, 다니던 병원에서 투석 준비를 해야 한다고 했다. 혈관 수술을 하고 이듬해 3월 투석을 시작했다. 캠핑카 유랑은 이루어질 수 없는 사랑이고 꿈이 되었다. 아스라이 사라지는 환갑 선물은 가슴에 멍으로 남았다. 주저앉기엔 지난 세월이 한스러워 주말이면 카메라를 메고 산천을 쏘 다녔다.

　운명의 시샘인지 환갑의 턱밑에서 갑자기 찾아 든 뇌졸중은 카메라와 생이별을 하게 했다. 5개월의 입원과 수술, 재활의 시간을 보내고 집으로 돌아왔다. 울상을 하고 구석에 쭈그리고 앉은 카메라가 한없이 애처로웠다. 한번 길을 트니 발걸음이 잦아짐은 병도 매한가지라. 급기야는 왼쪽 무릎에 물이 차더니 지금은 병상에서 밤을 새우고 있다.

　유행가 가사처럼 '뜬구름 쫓아가다 돌아다보니 저만큼 가버린 세월'도 아니었다. 지척에 널려있는 돌부리를 넘기에 급급했다. 그새 세월은 저만치 가고 불치병만 남았다. 파랑새처럼 날아간 캠핑카에 미련은 없다. 기운이 회복되면 잠자는 영혼을 깨워 어디론가 달려가고 싶다. 바람에 실려 오는 자유를 허허로운 마음에 가득 채우고 싶다.

　애당초 낭만 여행이 환갑 선물의 본질이 아닌가. 어딘가에서 들어 본 듯한 '꿈은 사라진 것이 아니라 조금 멀어졌을 뿐이다'라는 말이 허한 마음을 다독인다.

　희붐하게 밝아지는 병실에 간호사의 발걸음이 요란하다. 여지없이 아침은 또 찾아왔다.

내게도
나눌 몫이 있다

성당 주보에 나눔 행사와 노래자랑 공지가 올라왔다. 집 안을 뒤져보니 한 번도 쓰지 않은 캠핑 장비와 용처 잃은 등산화가 눈에 띄었다. 깨끗이 세탁해 기증했다.

기증 장부 옆엔 노래자랑 신청서가 놓여 있었다. 남 앞에 나서길 꺼리는 내가 무슨 용기였는지 이름 석 자를 적었다. 고수들이 즐비한 마당에 객기도 지나치면 무모함이라 했건만, 곡을 정하고 틈날 때마다 실수하지 않으려 연습 아닌 연습을 했다.

참가 번호는 1번이다. 뒤로 빼달라고 요청했지만, 받아들여지지 않았다. 주최 측에서도 내가 감이 아님을 알고 있는 듯했다. 콩닥거리는 맥박을 겨우 진정시키고 무대로 나갔다. '매도 먼저 맞는 게 낫다'지만 매의 강도를 모르면 두렵다. 입상은 처음부터 기대하지 않았다. 그저 실수 없이 마치는 게 목표였다.

노래를 시작하기 전, 하고 싶은 말이 있다고 하니 사회자가 시간을 내주었다.

"노래를 잘해서 나온 게 아니라, 병환 중 기도해 주신 분들께 인사를 전하고 싶습니다. 덕분에 노래 한 곡 부를 만큼 회복됐다는 걸 보여 드립니다."

말이 끝나자 박수가 터졌다. 이 정도 호응이면 충분했다. 준비한 노래는 무난하게 끝났다. 먼저 한 내 말은 미숙한 노래 실력을 감싸는 보호막이 되었다.

요즘 시대는 물질적 풍요를 최고의 가치로 여긴다. 하지만 마음이 허기지면 그 풍요도 바람에 쓸려가는 낙엽일 뿐이다. 그런데도 물욕에서 벗어나지 못하는 이유는 우월감을 좇아가고 문제가 생기면 돈으로 해결하려는 습성 때문이다. 당연히 어려움을 이겨내는 데 물질은 필요하다. 그러나 그것은 일시적 수단일 뿐이다.

반면에 자신에 대한 신념이나 혼자가 아니라는 믿음은 어려움에서 버티게 하는 힘이 된다. 손뼉을 쳐 주고, 격려하고, 보듬어 주는 마음의 나눔은 단단한 체력보다 강한 에너지가 되어 전달된다. 그것은 삶을 받쳐 주는 보이지 않는 든든한 기둥이다.

모든 곳에 선한 사람만 있는 것은 아니겠지만, 종교 공동체는 일반 사회보다 따뜻함이 있다. 어린 자식을 데리고 무작정 찾아든 성당은 그런 기대에 부응했다. 친손주처럼 아이들을 아껴주던 할머니 선생님은 혈육 못지않은 사랑을 주셨다.

미사 후 내 손에 봉투를 쥐여주며 "이건 하느님의 선물이니 아이들 책 사줘요"라고 하시던 자매님의 관심에 가슴 벅찬 감동을 받았다.

그 모든 선의는 메마른 삶에 단비가 되어 흘러들었다.

십수 년 전, 공동체 대표인 총회장이 따로 보자 했다. 뜻밖에도 사목위원회 홍보 위원장을 맡아 달라는 제안이었다. 보험 영업을 막 배우던 시기에 감당하기 어려운 일이었다.

"제 사정을 아시면서 이런 말씀을 하십니까?"

못마땅한 표정으로 거절했다. 그런데 돌아온 답이 가관이었다.

"하늘에 계신 분이 안드레아 가정을 보살필 것이니 걱정하지 말고 해봐라."

믿음이 약한 내겐 황당한 말이었다. 몇 번 거절하다 결국 수락했다. 아이 셋을 주일학교에 보내고 있는 것도 마음에 걸렸고, 나를 그렇게 믿어준 것에 고마움도 들었다.

그 후 10년을 홍보 위원장으로 활동했다. 카메라 앵글에 잡히는 아이들의 해맑은 눈동자와 웃음은 혼탁했던 내 마음을 씻어주었다. 보험 일도 무리 없이 진행됐다. 어쩌면 보이지 않는 손길이 있었던 걸지도 모른다. 능력보다 더 큰 은총을 되돌려 받은 셈이다.

병원에서 환우로 있던 동생에게서 연락이 왔다. 같은 교우로 긴 시간 친밀하게 지냈다. 그 부부의 신심은 나보다 훨씬 깊었다.

그런데 그가 전한 이야기는 충격적이었다.

한쪽 말만 듣고 판단할 순 없지만, 손뼉도 마주쳐야 소리가 나는 법이니 믿기로 했다. 남편으로 아버지로서 역할을 잃은 그는 집에 들어가지 못한 채 노숙하고 있었다. 재물은 칼날 같았다. 냉정하고 무서운 현실 앞에 마음이 흔들렸다. 그의 말에 의심도 들었지만, 계좌를 받아 당장의 먹고 자는 문제는 해결하게 했다. 그러나 마음은 내내 편치 않았다.

세상살이에서 받은 만큼 되돌려주는 것은 생각보다 어렵다. 결혼식을 치르고 나서 '받은 게 더 적다'라는 말이 괜히 나오는 게 아니다. 나 역시 가진 게 없다는 핑계로 받기만 했다. 어릴 때는 이웃에게, 청소년 땐 친구에게, 성인이 되어선 지인에게 힘과 용기를 무상으로 받았다. 그 마음들이 없었다면 견디지 못했을 인생이다.

몇 해 전부터 사회단체에 소액을 기부하고 있다. 그것은 받음에 대한 갚음의 흉내다. 터럭만큼이라도 마음을 내고 싶었다.

나이가 들면서 이전엔 보이지 않던 것이 눈에 들어오고, 하찮게 여겼던 것들이 귀하게 다가온다. 그중 하나가 '나눔'이다. 어떤 이는 남는 것을 버릴망정 나누지 않지만, 어떤 이는 부족함 속에서도 나눈다. 예전엔 그걸 이해하지 못했다. 허세로 보였다. 이제 알겠다. 나눔은 재물의 여유가 아니라 마음의 여유에서 시작된다는 것을.

'내 가진 것에 만족을 알면 천하고 가난해도 즐거우나, 만족을

모르면 귀하고 부유해도 근심으로 산다'라는《명심보감》의 가르
침도 마음의 문제였다.

'비우면 채워진다'라는 말을 들었고, 배웠고, 이해했다. 그러나
실천하지 못했다. 나눔에도 작은 용기가 필요했다.

들판에 내려앉은 안개가 걷히면 논두렁에 선 허수아비의 실체
가 보인다. 이제 육십의 모퉁이를 돌아선 삶에서 조바심이 걷히
니 어렴풋이 보이기 시작한다. 내게도 나눌 몫이 있다는 것을.

2부

우리가 함께였던 시간

어쩌면 나는 너무도 쉬운 것을 너무나 어렵게 풀어가고 있는 것은
아닌가? 행복해지고 싶다는 욕망을 필요 이상의 가치로 포장하고
있는 것은 아닌가? 먹고 싶은 순간 먹는 것, 하고 싶은 순간 하는
것, 이것이면 충분한데 그동안 내 행복의 주권을 남에게 맡기고 있
었다. 그들이 만들어 놓은 신기루 같은 기준을 쫓아 허겁지겁 달려
왔다.

〈늦은 밤, 한 그릇의 밥〉에서

금쪽같은
내 새끼

가을비가 부슬부슬 내리는 10월의 금요일. 오랜만에 저녁을 함께한 아들이 포장마차에서 사 온 붕어빵 몇 개를 내 손에 쥐여주었다.

"집에서 텔레비전 보시면서 심심풀이로 드세요."

"고맙다. 잘 먹을게."

언제나처럼 리모컨의 채널 버튼은 쉴 새 없이 움직였다. 먹이를 찾아 헤매는 하이에나처럼 시선을 집중하던 중, 가족 간의 갈등을 다룬 솔루션 프로그램에서 손이 멈췄다. 청소년 성장 클리닉 전문가로 유명한 여성 박사를 중심으로 육아 전문가들이 한 가정을 돕는 프로그램이었다.

이날 방송에 출연한 네 식구, 중학생과 초등학생 아들 둘을 둔

부부는 깊은 갈등에 휘말려 있었다. 화면 속 아버지의 모습이 문득 지난날 내 모습과 겹치면서 가슴 밑바닥에서 찌릿한 통증이 올라왔다.

주인공은 평범한 아버지였다. 가장의 책임을 묵묵히 감당하는 성실한 사람이었다. 그러나 제삼자의 눈에는 그 성실함 뒤에 권위적인 우월감이 숨어 있는 것이 보였다. 그는 아들이 부족하다고 느낄 때마다 강압적인 방식으로 훈육했다. 나도 그랬다. 아이의 관점에서 바라보지 않았다. 삶에 지쳐 여유가 없었다고 변명하고 싶지만, 그것은 그저 핑계일 뿐이다. 자식을 사랑하는 방법을 몰랐다. 솔직한 고백이다. 결국 문제의 원인은 나에게 있었다.

방송 속 가족은 심각했다. 아버지와 큰아들은 대화를 끊은 지 오래였다. 미움조차도 넘어선 서로를 포기한 상태였다. 아버지는 아들을 외면했고, 아들은 아버지를 인정하지 않았다. 서로 다가가기보다 끌어오려는 마음이 강했기에 틈새는 좁혀지지 않았다. 어머니는 두 사람 사이에서 고통을 감내했지만, 화해의 길을 찾지 못했다.

군 출신인 아버지는 위압적인 분위기로 아이들에게 공포의 대상이었다. 어머니는 아이를 예절 바르게 키우고자 했지만, 자식의 마음을 읽는 데는 서툴렀다. "뭘 하고 싶니?"라는 질문보다 "이건 해야 해. 그건 하면 안 돼." 같은 지시만 반복했다. 따뜻해야 할 집안에는 싸늘한 바람이 돌았다. 큰아들은 숨이 막힐 듯한 공간을 벗어나고자 밖으로 나왔지만, 가출은 감히 꿈꾸지 못하는 착한 아이였다.

나 역시 그랬다. 매사에 스스로 책임져야 한다는 강박은 자립심을 넘어 이기적인 고집이 되었다. 결혼 후에도 아내와 의견이 달라질 때면 내 논리가 옳다며 고집을 꺾지 않았다. 아내의 말을 들이도 이해하려는 마음보다는 반박할 논리를 찾기 바빴다. 아내는 점점 지쳐 끝내 말문을 닫았다. 말이 통하지 않는 사람과 살아야 하는 고통을 나는 알지 못했다.

뒤늦게 삶의 굴곡을 지나며 나를 돌아보는 법을 배웠다. 그 바쁜 시절 아이들의 마음을 헤아릴 여유도 없었고 방법도 몰랐다. 중학생이 된 딸이 동생을 잘 돌보고 있다는 것만으로 나는 안심했다. 그들의 고민은 들으려 하지 않았다. 아이들도 아버지가 얼마나 고되게 일하는지 알기에 묵묵히 참아주었건만, 나는 별문제가 없다고 여겼다.

"공부 열심히 해라."

"싸우지 마라."

"정리 좀 하고 살아라."

이런 말은 입에 달고 살면서도, "뭘 하고 싶니?", "아빠가 뭘 해줄까?"는 단 한 번도 묻지 못했다.

"우리 가족은 꿈이 있다. 그 꿈은 반드시 이뤄질 것이다."

나는 그 말로 아이들에게 최선을 다하고 있다고 자부했다.

그러던 중 우연히 전문대학 평생교육원의 '심리상담사' 과정을 소개받았다. 매주 두 번, 석 달간 진행되는 수업은 대부분 실습 위주였다. 짝을 지어 역할극을 하며 상대의 이야기를 듣고 반응하는 훈련이 반복되었다.

"아, 그랬구나."

"많이 힘들었겠구나."

"그럴 수도 있겠네."

상대의 감정을 공감하고 받아들이는 말들이 중심이었다. 시간이 지날수록 나 자신을 깊이 들여다보게 되었다. 과거의 나, 그 일방적이었던 아버지의 모습이 선명해졌다. 아이들이 얼마나 힘들었을지 생각하게 되면서, 아이들과의 관계를 수직이 아닌 수평으로 다시 세우기 시작했다.

어느 날, 나는 큰아들에게 조심스럽게 말을 꺼냈다.

"아빠가 심리 상담 공부를 하다 보니, 아들에게 정말 미안한 게 많더라. 오늘은 네 마음을 솔직하게 말해줄 수 있겠니?"

아들도 아빠가 달라졌음을 느꼈던 걸까. 평소 말이 없던 큰아들이 조심스레 입을 열기 시작했다.

"초등학교 때, 아무도 없는 집에 들어가기 싫어서 밖에서 한참을 배회했어."

"어떤 날은 너무 무서워서 장롱 안에 숨어 있었던 적도 있어."

그 말은 칼처럼 가슴을 베어냈다.

"아빠도 힘들고, 누나도 힘들 것 같아서 누구에게도 말할 수 없었어."

아들은 맺힌 응어리를 울음으로 쏟아냈다. 그날 밤, 우리는 부자지간으로서 처음으로 함께 울었다.

고인 물이 빠진 웅덩이는 의외로 맑았다. 물은 고여 있었지만, 밑바닥에서는 조용히 정화가 이루어지고 있었던 모양이다. 애어른이 따로 있는 게 아니었다. 아들은 어둠 속에서도 무너지지 않기 위해 자신만의 힘으로 버티고 있었다.

그날 이후, 우리는 자주 이야기를 나누었다. 삼부자는 틈날 때마다 대화하며 웃음을 되찾았다. 세월이 흐른 지금, 문득 그날을 떠올리면 아찔하다. 그 대화가 없었다면, 아이들이 지금처럼 밝게 자랄 수 있었을까? 생각만 해도 두려워진다.

아이에게 부모는 전부다. 어머니의 역할이 사랑이라면, 아버지의 역할은 믿음이다. 하지만 60년대생 아버지들은 믿음을 '근엄함'으로 오해하곤 한다. 아버지가 그랬던 것처럼. 아이는 가르치는 대로 자란다는 믿음 아래, 일방적 훈육은 너무 쉽게 반복된다. "어린 게 뭘 안다고"라는 말 한마디로 아이의 생각은 짓밟힌다.

갓난아기가 우는 데는 반드시 이유가 있듯, 자식의 불만에도 그만한 까닭이 있다. 부모는 그 이유를 먼저 묻고, 끝까지 들어야 한다. 우리 세대의 아버지들은 그걸 배우지 못했다.

"아, 그랬구나."

"많이 힘들었겠구나."

"몰라서 미안하구나."

이제는 습관처럼 익혀야 할, 이 시대 아버지들의 언어다.

금쪽같은 내 새끼니까.

겨울에도 피어 있는
꽃이 되어

전화기 너머로 들려오는 그녀의 목소리는 처져 있었다. 새삼스러운 일은 아니어서 걱정하지는 않았다. 남편은 목욕 차를 기다릴 테고 그녀는 남편 곁에서 소소한 집안일을 처리하고 있을 것이다. 일주일에 한 번 오는 목욕 차를 이용해야 하는 남편의 처지나 당뇨와 각종 질환 안고 사는 그녀의 처지가 별반 다르지 않다. 그럼에도 그녀의 손놀림은 지극정성이다.

그녀는 올해로 일흔넷. 나하고는 띠동갑이고 만난 지 50년이 넘었다. 그녀는 내가 7살 때 처음 만났다 하고 나는 8살 때 만난 것으로 기억한다. 몇 살에 만난 것이 중요한 게 아니다. 그저 기억이 흐릿할 만큼 오래되었다는 것뿐이다.

당시의 우리 집 상황은 말 그대로 참담했다. 병환 중인 홀어머니가 미성년의 세 아들을 데리고 기울어진 초가에서 연명하고 있었다. 그야말로 초가삼간 오막살이였다. 어머니는 몸이 불편함에도 큰아들을 위한 기도는 하루도 빠뜨리지 않았다. 장독대 위에 정화수 올리고 군에 간 큰아들의 무사 귀환을 빌었다.

그러던 어느 봄날, 휴가차 집에 머물고 있던 큰형이 미모의 여인과 함께 집안으로 들어섰다. 동그란 얼굴에 하얀 피부를 가진 그녀는 긴 머리에 남색 원피스를 입고 있었던 것으로 기억된다. 병환에 중인 어머니께 인사하고 몇 시간을 머물다 돌아갔다.

그해 6월 어머니가 세상을 달리하시고 우리 형제는 고아가 되었다. 이웃의 도움으로 겨우 허기를 면하고 있을 즈음, 그녀는 다시 우리 곁에 나타났다. 이번에는 제법 큰 가방을 들고 왔다. 까맣게 그을린 얼굴에 표정 없이 지내던 형제는 그때부터 서서히 미소를 되찾기 시작했다. 큰형도 없는 초가에서 밥하고 빨래하는 그녀의 행동은 동화 속 천사 같았다. 밥맛이 달랐고 입는 옷의 감촉이 달랐으며 집안에 감도는 공기도 달랐다.

하지만 한편으로는 '긴 장마에 잠깐 빛나는 햇살이 아닐까?' 싶어 불안한 마음도 스며 있었다. 친척들과 동네 어른들은 전방에 복무 중인 큰형과의 결혼을 서둘렀다. 전보를 치고 의복을 마련하고, 친척이 마련해 준 예복과 윗동네 작은 교회의 배려로 혼례를 치렀다. 그날로 그녀는 야호댁 며느리가 되었고, 나의 형수가 되었다. 그녀는 나를 '되렴'이라고 불렀고, 나는 그녀를 '아지매'라고 불렀다. 며칠 후 그녀의 남편은 군대로 귀대하고 스무 살 새

색시는 시동생 셋을 데리고 쌀뒤주 허전한 시집살이를 시작했다. 그 후 대구로 나오기까지 시골에서 살았던 십여 년은 그녀에게 상상 이상의 고난이었다.

세월이 흐른 뒤 당시를 회상하며 "결혼하기 전에 왜 떠나지 않았느냐"라고 물으면 그녀는 이렇게 대답한다.

"떠나고 싶은 마음이야 굴뚝같았지. 근데 새까만 눈동자가 닭똥 같은 눈물 흘리는 걸 보고는 도저히 등을 돌릴 수가 없더라"라고 한다.

지금도 후회하지 않느냐고 물으면 "아들딸 두고 열심히 살아왔으니 후회하지 않지만, 병든 이 몸뚱이는 억울하지"라고 한다. 근자에 그녀를 만났다. 소망이 있냐고 물었다.

"형보다 하루만 더 살고 데려가라고 기도하고 있다"라고 했다. 온전한 사랑이기보다는 희로애락을 함께한 부부 사이에 스민 짙은 연민이다.

우리의 대화에는 존칭이 없다. 그녀는 나의 동아줄이었고, 나는 그녀의 애처로움이었다. 존칭은 애초에 의미 없었다. '으응?', '으'이면 모든 게 통한다. 어린 시절부터 친인척과 이웃 어른들에게 귀에 딱지가 붙을 정도로 들은 것이 있다.

"커서 형수 공을 잊으면 안 된데이"였다.

돌이켜 보면 그녀를 기쁘게 해준 기억은 별로 없다. 어릴 때는 물론이고 성인이 되어서도 그녀의 음식에서 배고픔을 채웠고, 그녀의 곁에서 안정감을 찾았으니, 그녀에겐 떨칠 수 없는 부담이었는지 모르겠다.

보답하지 못해 죄송하다고 말하려면 눈물부터 나오니 그 말도 못 한다. 편지글로 보냈더니 밤새 울었단다. 그러면서 알아줘서 고맙다며 손을 잡고 또 운다. '되렴'만 건강하게 잘 살면 된다는 데 정작 그마저도 떳떳하게 보여주지 못하니 이 무슨 무력함이 랴.

그녀는 우리의 방패였고 기둥이었다. 수많은 고비를 넘어오면서도 흔들리지 않는 뚝심은 오직 헌신이었다. 그녀가 지켜낸 4형제의 씨족은 서른 명으로 불어나 굳건한 울타리 안에서 가족을 이루고 있다. 자기주장에 확신을 가진 남편의 성향 때문에 마음에 담은 상처가 적지 않았다. 아직도 그 상처의 흔적은 뚜렷하건만 힘없이 처져버린 남편이 가슴 아파 돌아서 눈물짓는 여인의 뒷모습에 깊은 모성애가 서린다.

돌아보면, 이기심을 누르고 숙명에 순종할 수 있었던 그녀의 삶은 자애가 바탕에 있었다. 그 따뜻한 영향력이 이웃에도 미쳐 수십 년을 지역단체에서 봉사했다. 급기야 회장에 출마하라는 권고를 받고서도 정중히 사양했다.

"남들이 고졸 정도는 되는 줄 아는데 국졸이 탄로 날 것 같아서."

그 말에 우리는 한바탕 웃음을 터뜨렸다. 사람을 대하는 배포가 넉넉했다.

어쩌다 전화하면 남편에게 받은 스트레스를 내게 늘어놓는다.

50년을 부부로 살아왔어도 60년을 형제로 살아온 나에게 같은 모체라는 원죄가 있다. 조용히 끝까지 들어 준다. 이제는 안다. 그것만이 그녀의 마음을 달래 주는 방식이라는 것을.

조석으로 찬 바람이 매섭다. 그러나 육신을 옥죄는 설한 속에서도 그녀는 쓰러지지 않을 것이다. 겨울에도 피어있는 꽃이 되어 우리 곁에 머물고 있을 것이다. 언제나 그랬던 것처럼.

맏이

엘리베이터가 12층에 멈추었다. 서너 사람이 내리지만, 얼굴은 그리 밝아 보이지 않는다. 반복되는 병원 일상과 기다림에 지친 표정. 문이 열리자 멀리 창가에서 한 여인이 반갑게 손을 흔든다. 기둥 쪽 의자에 힘없이 기대앉은 남자의 시선은 맞은편 텔레비전에 고정되어 있다.

손을 흔들던 여인은 맏이의 아내다. 막내인 나와 여덟 살 때 형수로 만났으니 53년의 세월이다. 스물네 살 청년과 사랑에 빠진 아가씨는 이제 막 성인이 된 스무 살 처녀였다. 한 집안의 맏딸이던 그녀는 친정의 반대를 뒤로하고 가난한 집 맏이와 부부의 연을 맺었다. 사랑에 빠진 신혼이라 한들 어찌 꿈같은 행복만을 생각했겠냐 마는 예상 못 한 고난은 그녀를 힘들게 했다. 돌아가고 싶었지만, 콩알 같은 막내의 눈망울이 마음에 걸려 눌려 앉은 세월이 평생이 되었다. 그을음 떨어지는 부엌에서 보리쌀 삶아내는 무쇠솥의 눈물은 그녀가 처음 맛본 삶의 쓴맛이었다.

맏이에게는 한 명의 누나와 세 명의 남동생이 있었다. 군 복무 중에 콩팥병을 앓고 있던 어머니가 이승을 떠났다. 남편을 보내고 일 년 후 지아비를 찾아 길을 나섰다. 임종을 지키지 못한 맏이는 자식의 불효를 한탄하며, 인고의 삶을 살다 간 모친의 주름진 얼굴을 생각하며 눈물을 쏟았다. 졸지에 가장이 된 맏이는 밀려오는 무게에 어깨가 짓이겨질 지경이었다. 물려받은 것은 조그마한 논과 화전밭이 고작이고, 철부지 동생과 비어 있는 곳간뿐이었다.

멋모르고 시집온 가냘픈 여인의 남편이었으나 애정의 감정이 곡기를 해결할 순 없었다. 없는 집의 농사일은 쉽지 않았다. 솜털 같던 아내의 손과 얼굴은 거칠게 변해갔다. 논밭의 쟁기질은 남의 소를 빌려야 했고, 그마저도 여의치 않으면 막내가 쟁기를 끌어야 했다. 비료 살 돈은 매번 이웃에 꾸어야 했으니 가을 수확은 빚 청산의 과정이었다. 독립된 머슴의 삶과 별반 다르지 않았다. 궁핍한 삶은 다람쥐 쳇바퀴 돌 듯 계속되었다. 배워가며 지은 농사가 풍성한 수확을 보장할 리 없었다. 그런 중에도 도시에 나가 공부하는 동생의 학비는 빼먹지 않고 보냈다. 막내의 지게 짐을 벗겨주고 싶었지만, 부족한 일손에 아픔 마음 묻어야 하는 것도 맏이의 고통이었다.

맏이가 도시로 나온 것은 애지중지 뒷바라지했던 둘째 동생이 황망히 세상을 떠난 직후였다. 어려운 살림에 겨우 학업을 마치고 번듯한 대기업에 취직했을 때 맏이의 기쁨과 보람은 여느 부모 못지않았다. 그랬던 동생이 급성폐렴을 이겨내지 못하고 부모님 곁으로 홀연히 가버렸다. 이제 겨우 20대 초반의 청춘이었다. 맏이가 받은 충격은 마른하늘 날벼락 이상이었다. 어깨를 벗어났던 한 짐이 가슴을 찌르는 송곳이 되어 돌아왔다. 실의와 절망에 빠져 며칠 밤을 통곡 속에 보냈다. 삶의 기운을 상실한 맏이는 고향을 떠나기로 마음먹었다.

몇 안 되는 전답을 정리해서 대구로 나왔다. 비산동에 구멍가게 달린 셋방을 얻어 식솔과 세간살이를 옮겼다. 지게 지고 논밭 갈던 흙 묻은 손은 운전대를 잡았다. 군에서 수송병 경력이 도시에서 밥벌이 수단이 되었다. 궁핍한 살림은 여전했지만, 한낮 땡볕 아래 흐르는 땀을 닦아내던 맏이의 아내는 구멍가게인들 못할 게 없었다. 바쁜 중에도 부부애는 두터워 자식이 세 명이 되었다. 막내까지 네 명의 자식인 셈이다. 맏이의 책무라고 생각했던지 셋 자식이 딸이었음에 아들 바람은 버리지 않았다. 결국 막둥이로 남아를 얻었으니, 맏이의 책무를 다한 듯 아들에 대한 애정이 각별했다.

맏이는 일과를 마치고 손발을 씻으면 마지막 헹군 물로 양말을 빨았다. 식구들도 똑같이 하도록 가르쳤다. 비누를 비누통에 눕혀 놓으면 비누가 불어난다고 불호령이 떨어졌다. 가부장적 경상도 남편이지만, 방 청소는 식솔이 하도록 했다. 한 발 더 뛰기 위해 몸을 움츠린 개구리의 심정으로 성실과 절약만이 삶의 무기라 여겼다. 식솔들은 엄격한 자린고비의 생활이 무섭고 싫었다. 그러나 모두가 아내의 수고를 덜어 주려는 애정이었고, 부족한 생활비에 대한 미안함의 행위였다.

맏이의 무덤덤함과 철저한 자기 관리는 막내에게 아버지 같은 근엄함과 사랑으로 존재했다. 대구로 이사하고 며칠이 지난 겨울이었다. 막내가 기거하는 골방으로 연탄가스가 스며들었다. 정신이 혼미해졌다. 가슴은 답답했고, 어지러운 몸은 마당의 공동 수도 앞에 무너지듯 쓰러졌다. 그다음 기억은 없다. 나중에야 들은 이야기지만, 맏이는 나를 업고 정신없이 골목을 내달렸다. 가쁜 숨을 몰아쉬면서도 맏이는 울부짖듯 소리쳤다. "둘째를 데리고 갔으면 되었지 막내마저 데려가려 하느냐?"라는 것을 나중에 들었다. 그것은 무던한 맏이의 책임감이며 사랑이었다. 그때를 떠올리면 막내의 가슴은 아프게 조여 온다.

맏이와 막내는 별로 말이 없다. 꼭 필요한 말만 한다. 정치적 성향에 약간의 차이가 있어 환갑 먹은 막내가 한 번씩 들이밀 때도 있지만, 대부분 수긍하고 받아들인다. 맏이를 바라보는 막내의 감정은 특별하다. 젊은 나이에 가장이 되어 갖은 시련을 이겨냈다. 삶의 황혼기에 누려야 할 생의 희락은 넘쳐나는데, 덜컥 찾아든 병환이라니 참담하기 그지없다.

맏이는 어머니에게 콩팥병을, 아버지에게 고혈압을 전해 받았다. 그 바람에 혈액투석과 두 번의 뇌출혈을 겪었으니, 거동이 자유롭지 못하다. 어눌한 말과 불안한 몸짓은 막내의 가슴을 아리게 한다. 마음만 넉넉한 막내가 할 수 있는 것이라곤 바깥바람 좋아하는 두 사람을 차에 태우는 것이 고작이다. "고맙다, 수고했다"라는 맏이의 힘없는 목소리가 그렇게 애잔할 수 없다. 꼿꼿하던 젊은 날의 몸부림은 이제 옛이야기로 멀어져 가는 것 같다.

그의 어깨 위에는 여전히 무거운 짐이 얹혀있다. "내 떠나면 이 여인은 누가 챙기냐?"라고 걱정한다. 당신과 같이 콩팥병을 앓고 있는 막내가 홀로 살고 있으니 그 애처로움도 맏이의 몫이다. 수년 전, 막내의 큰아들이 공무원 되었다는 소식을 전해 듣고 전화했다. 어눌한 말은 예상했지만, 한동안 말이 없었다. 한참 후 전파를 타고 전해지는 그의 울먹임은 "고생했다. 수고했다"라는 두 마디였다. 맏이의 마음을 모를 리 없는 막내도 목젖을 넘어오는 먹먹함을 겨우 삼켜내고 "고맙습니다"라고만 했다. 더 이상의 말을 이을 수 없었다. 막내의 어깨에서 내려진 무게는 보살펴 주지 못한 맏이의 심적 무게였을 것이다.

가끔은 막내가 맏이의 집에 갈 때가 있다. 용무가 있기도 하지만, 형수의 손맛 때문이기도 하다. 어릴 때부터 익숙해진 손맛이니 나이가 들어서도 입안에서 감칠맛을 느끼게 한다. 집안에서 느껴지는 맏이의 이미지는 여전하다. 어떤 기류에도 흔들리지 않으려던 강직함은 많이 사라졌다. 세상 기류에 융합하려는 듯 불어 드는 바람결에 어느 정도는 휘어지기도 한다. 그런데도 뿌리만은 여전히 단단히 박혀 있다. 예전의 불호령은 아니어도 짜증

내는 한마디에 긴장감이 감돈다.

맏이가 아내의 부축을 받으며 12층 엘리베이터 앞에 섰다. 손을 흔드는 형수와 고개를 끄덕이는 맏이는 이제 집으로 간다. 잘 가라 손짓하는 막내의 얼굴에 웃음이 묻어 있다. 엘리베이터 문이 닫히고 웃음을 거둔 막내는 병실로 들어가 4시간을 보내야 한다. 기계의 도움으로 몸속 독성을 걸러내는 혈액투석을 한다. 맏이와 막내는 일주일에 세 번을 똑같은 방법으로 재회한다. 막내를 위해 간식을 준비하는 형수는 여전히 어머니 갈음이다. 형수의 마음은 헤아리나 그 값을 모른다.

엘리베이터를 타는 그녀의 손에 환하게 웃고 있는 카네이션이 들렸다. 이제 곧 어버이날이다.

막내는 병원에 오기 전에 꽃집에 들렀다.

삼부자의 하루,
삶을 적시다

　내 방 침대 옆에 키 낮은 협탁이 하나 있다. 4단 서랍 안에는 양말과 속옷이 들어있다. 상판이 벗겨지고 검게 퇴색되었어도 30년을 같이 산 가족이기에 자리를 지키고 있다.

　아침나절, 세 번째 서랍에서 색과 디자인이 똑같은 목 짧은 양말 세 켤레를 꺼냈다. 하나는 내 것이고 나머지는 두 아들 것이다. 세월이 무섭다. 아비의 양쪽 팔에서 재롱을 부리던 쌍둥이가 어느새 서른을 목전에 둔 청년이 되었다. 이제는 내가 신는 양말을 서슴없이 신는다. 삼부자가 같은 양말을 신고, 오늘 하루는 마음도 발걸음도 나란히 해보기로 한다. 30년 지기 양말통도 이보다 더 좋을 수 없다는 듯 헤벌쭉 벌린 입을 닫을 줄 모른다.

　겨울비가 내리는 정월 세 번째 주말, 세 사람은 하나의 시계만 바라보기로 하고 머리를 맞댄다. 이런 날씨는 숯가마가 제격이나 뜨거운 열기를 싫어하는 막내를 배려하여 가까운 온천으로 정했다. 점심은 된장찌개가 오감을 자극하는 맛집에서 하기로 했다. 그곳은 아이들도 인정하는 식당이다. 돌아오는 길에는 오래된 추억을 깨워 보기로 하고 소소하지만 확실한 행복을 찾아 길을 나섰다. 큰아들이 운전대를 잡았다. 소형차이기는 하지만 뒷자리에 앉은 안락함은 여느 리무진 못지않다. 더구나 차 문을 여닫아 주는 막내의 배려가 편안함을 더한다.

온천에는 생각보다 사람이 많았다. 마치 명절을 코앞에 둔 동네 목욕탕 같았다. 한때는 조상님을 깨끗한 몸으로 맞이해야 한다며 추석과 설을 앞두고 동네 목욕탕에 가던 시절이 있었다. 묵은때를 벗겨내는 아버지의 열의와 아프다고 울어대는 아이의 울음소리는 잊히지 않는 추억 속 장면이다. 손자를 데리고 온 할아버지의 꿈 같은 사랑, 어린 아들과 함께 즐기는 부자간의 애틋한 정, 친구들과 어울리는 진득한 우정, 장성한 아들과 격의 없이 나누는 진솔한 대화, 사람에게서 나와 사람에게로 가는 훈훈한 기운이 온천탕에 가득 찼다. 그들의 표정에는 꼰대적 권위는 보이지 않았다. 옷을 벗었다는 것으로 마음의 벽을 허물 수 있다는 것이 놀랍다. 옷이란 것이 거추장스러운 가면이 아니었는지 삶의 방식을 다시금 생각하게 한다.

내리는 빗줄기는 들어갈 때보다 더 굵어졌다. 온탕과 냉탕, 한증막과 노천탕을 뭉쳐서 다녔더니 허기가 느껴졌다. 내비게이션은 20분 후 식당 도착을 알려 준다. 우리가 가는 식당은 허기만 채워 주는 평범한 식당이 아니다. 고객과 보험 설계사로 만난 인연이어서 채워진 위장보다 따뜻해진 가슴이 있어 소중한 곳이다. 어리숙함이 있을 정도로 순박한 그녀는 사람에 대한 정이 넘쳐난다. 바리바리 담아 주는 음식에는 그녀의 넉넉한 인심이 가득하다. 집에서 맛나게 먹었던 반찬의 내막을 아는 큰아들이 음료수 두 통을 손에 들고 식당으로 들어왔다. 자식이 사람의 도리를 모르고 살지는 않을 것 같아서 안심이다.

잠자는 추억을 깨우려 아이들이 다녔던 초등학교로 갔다. 학교는 아담한 모습을 그대로 간직하고 있었다. 줄어드는 아동수로 폐교가 되지 않았나 걱정했는데, 오히려 없던 건물이 보여서 '웬일인가?' 싶었다. 외국인 근로자가 많은 지역이라 다문화 학생이 교실을 채우고 있는 게 아닌지 예상해 보기도 했다.

20년 전, 삶의 질서가 흔들리던 시기가 있었다. 쌍둥이 아들이 초등학교 입학을 앞두고 한글에 어려움을 겪고 있었다. 집에서 가까운 거리에 규모가 큰 학교가 있었지만, 소수의 인원으로 개인의 특성에 맞게 수업한다기에 궁여지책으로 선택한 학교가 여기다. 내가 등하교를 맡아 힘이 들었지만, 그때만큼 아이들과 교감을 한 적도 없으니 다시 못 올 추억이다.

아이들 품에 한 아름으로 안기던 미끄럼틀 옆 플라타너스도 자리를 지키고 있다. 앙상한 모습으로 봄을 기다리고 있지만 풍성한 가지와 넉넉한 풍채는 변함이 없다. 2학년이 되면서 집에서 가까운 학교로 전학 가기 전까지 아이들과 나는 사계절의 기억을 이곳에 심었다.

추적추적 내리던 비는 늦은 오후가 되어도 멈추지 않았다. 대구로 돌아온 우리는 날씨에 이끌려 당구장을 찾았다. 빈자리가 없었다. 몇 군데를 가보아도 똑같았다. 기다림 뒤에 차지한 당구대에서 어설픈 실력은 승자도 패자도 가르지 못했다. 밖으로 나오니 어슴푸레한 어둠이 땅에 내려와 있었다. 세 사람은 골목 어귀에 있는 오렌지색 불빛을 향해 걸음을 옮겼다. 말랑한 순대와 뜨끈한 어묵 냄새가 흘러나오는 포장마차가 거기에 있었다. 너나 할 것 없이 허겁지겁 어묵과 순대를 입안으로 밀어 넣었다. 어묵꼬치를 입에 문 막내의 얼굴에 웃음이 멎는다.

오늘 우리가 달렸던 허들의 높이는 친구였다. 같은 서랍에서 나온 양말 세 켤레가 그것을 가능하게 했다. 살기 위해 써야 했던, 아니 나도 모르게 썼던 그간의 가면과 갑옷을 벗었다. 홀가분하다. 욕심도 책임도 없는 본연의 모습으로 돌아온 시간이었다. 그 가벼움이 행복을 안겨 주었다. 홀라당 벗은 몸으로 개울물에 풍덩 던졌던 어릴 적 소년 같은 상쾌한 기분이다. 이렇게 사소한 하루가 언젠가 가장 그리운 기억이 될지도 모른다는 생각이 들었다.

어머니의
부지깽이

내리쬐는 뙤약볕도, 쏟아지는 소나기도, 서슬 퍼런 경고도 그들의 발걸음을 학교로 돌려세우지 못했다. 수십만 명의 교사들이 검은 옷을 입고 가슴에 하얀 리본을 달고, 가여운 영혼을 추모하기 위해 거리로 나섰다.

학생을 가르치는 교사들이 대규모 집회에 참석하는 것도, "어떤 일이 있어도 아이들을 포기하지 않겠다"라고 다짐하던 교사들이 수업을 멈추고 구름같이 모여드는 것도, 내 기억 속에서는 처음 보는 광경이었다.

극단적인 선택을 한 초등학교 선생님의 영혼을 위로하기 위해 모였다고 하기에는 그 수가 너무 많았다. '교권 확립', '교사의 생존권 보장' 같은 피켓을 든 수십만의 교사들이 국회의사당 광장을 가득 메웠다. 학생의 수업권에 피해를 주면서까지 거리로 나선 그들의 절박함은 오늘날 우리 사회가 직면한 교육 현실의 심각함을 여실히 보여주고 있다.

한때 '스승의 그림자도 밟지 않는다'라는 말이 있었다. 학생뿐 아니라 학부모도 스승을 존경하던 시절이었다. 믿음과 신뢰가 교사와 학부모, 학생 사이를 잇는 다리였고, 선생님의 말씀 한마디 행동 하나하나를 내 자식을 위한 사랑의 표현이라 여겼다. 그러나 문명의 발전과 경쟁의 심화는 인간의 도덕성을 부와 명예보다 하찮은 것으로 만들었다.

과열된 경쟁 속에서 학생들은 학원에서 수업을 선행하고, 학교는 그저 상급학교로 가기 위한 정류장에 불과해졌다. 이미 배운 내용을 반복하는 학교 수업은 지루할 뿐이며, 학원으로 지친 몸은 학교를 '쉬는 곳'으로 인식하게 한다.

수업에 집중하지 않는 학생 앞에 선생님의 열정이 설 자리는 점점 줄어든다. 스승을 존경하지 않는 제자, 제자를 사랑하지 않는 스승. 더는 이곳이 '학교'라 부를 수 없는 지경에 이르렀다. '스승의 그림자도 밟지 않는다'라는 말은 이제 전설이 되었다.

이 지경에 이른 가장 큰 원인은 승자독식의 논리가 고착된 우리 사회의 구조적 문제 때문이다. 하지만 자식 교육을 오직 외부에만 의존하려는 부모의 사고방식도 큰 문제다. 대다수 부모는 아이의 인성이 바로 서야 스스로 성장한다는 사실을 안다. 또한, 인성 교육은 가정에서부터 시작된다는 것도 안다. 그런데도 "학원비 마련하느라 바빠서 아이에게 시간을 쓸 수 없다"라고 말한다. 동의하기 힘든 변명이다.

좋은 학원에 보내는 것으로 부모 역할을 다했다고 생각해서는 안 된다. 귀하게 키우겠다는 부모 마음을 누가 탓하랴. 그러나 옳고 그름을 가르치고 그것에 맞게 행동하게 하는 일은 부모의 중요한 몫이다.

공공장소에서 아이의 잘못을 보아도 아무 말 없이 지나치는 부모를 간혹 본다. '아이 기죽일까 봐 가만둔다'라는 식인데, 하나를 알고 둘은 모르는 우매한 일이다. 절제와 배려를 배우지 못한 아이가 올곧게 자라기는 어렵다.

지나치게 강화된 학생인권조례도 생각해 봐야 한다. 학생의 인권이 교사의 권리를 압도하면서 배움의 장 자체가 위협받고 있다. 문제 학생을 선도하면 "선생님이 뭔데요?" 하고 대들고, 성실한 아이를 칭찬하면 '차별한다'라며 민원이 쏟아진다. 심지어 욕설과 폭언에도 교사는 마땅히 대응할 수 없다. 부모의 동의 없이는 전학조차 보낼 수 없다. 교권은 무너졌고, 임용 당시의 설렘과 자부심은 자괴감으로 바뀌었다.

요즘은 교직이 '3D 직업'이라는 말까지 나온다. 우리 사회가 내는 삐걱거림이다. 외면해서는 안 되는 경고다.

한편, 교사도 반성해야 한다. 체벌이라는 이름으로 학생의 인권을 무시하고 폭력을 행사하던 과거의 흑역사를 잊어서는 안 된다. 선생님의 권위가 절대적이던 그 시절, 자격 없는 교사들이 남긴 상처는 분명 존재했다. 반성과 균형이 함께 이루어져야 한다.

인간의 본성은 선하다고 믿는다. 아이가 나쁜 말을 하고 과격한 행동을 보인다면, 그 뒤에는 분명히 후천적 요인이 있을 것이다. 사랑하는 자녀를 외부 교육기관에 맡긴 채 책임을 떠넘기는 부모의 형태는 바로잡아야 한다. 사제간의 신뢰가 무너진 학교, 성적만을 강요하는 학원, 바쁘다는 이유로 대화조차 피하는 부모. 지금의 아이들은 마음 둘 곳이 없다.

그러나 아이들은 여전히 부모의 따뜻한 말 한마디, 진심 어린 대화를 바라고 있다. 하루 한 시간 정도는 자녀와 얼굴을 맞대고 이야기해 보자. 그것만으로도 충분하다.

전문가들은 말한다. 아이가 어리다고 "해야 해", "하면 안 돼" 같은 명령형 말투는 삼가야 한다고. 대신, "이렇게 하면 어떨까?", "이건 다른 사람에게 피해가 될 수도 있는데, 그래도 괜찮겠니?" 와 같은 식으로 아이가 스스로 판단할 수 있게 도와야 한다고.

그리고 잘못에 대해서는 스스로 인정하게 하고, 필요할 때는 단호한 훈육도 주저하지 말아야 한다. '귀한 자식일수록 매 한 대 더 들어야 한다'라는 말에는 자식 교육의 진리가 담겨 있다.

그 옛날 나를 바른길로 이끈 것은 어머니의 부지깽이다. 길이가 두 자쯤 되는 나무막대를 들고, 어머니는 천방지축 날뛰던 어린 나를 한 방향으로 이끌었다. 아버지와 언성이 오르던 날이면 어머니는 부엌에서 바닥을 세차게 내리쳤다. 그러면 아버지는 조용히 대문을 나섰다. 아이들이 말썽을 피울 때도 부지깽이를 들었다. 치맛자락 휘날리며 따라오는 어머니의 부지깽이는 두려움의 상징이었다.

겨울 한낮, 불장난으로 친구의 나일론 바지를 태워버렸다. 저녁이 되자 어김없이 부지깽이가 내 종아리에 자국을 남겼다. 밥을 짓기 위해 바람의 길을 잡아 불의 세기를 조절하듯, 어머니의 부지깽이는 자식의 길을 바로잡는 지휘봉이었다. 그리고 그것은 사랑이었다.

이 시대의 어머니는 잃어버린 부지깽이를 다시 손에 쥘 용기를 가져야 할 때다.

엄마 얼굴

큰형 내외와 함께 부모님 산소를 찾았다. 녹색을 벗겨낸 잔디 위로 가을 햇살이 쨍하게 내린다. 털썩 주저앉으니, 솜이불처럼 부드러운 잔디에 온몸이 녹는다.

실낱같은 숨을 붙잡고 군에 간 장남을 기다리던 엄마는 끝내 아들을 보지 못한 채 한 많은 생을 마감했다. 그 아들이 어느덧 일흔다섯의 노인이 되어 엄마 앞에 앉았다. 오늘은 내 자식도 함께 왔다. 당신 마지막 숨결 위에 눈물을 떨구던 여덟 살 막내가 장성한 아들을 데려왔으니, 작게나마 효도를 한 듯 마음이 한결 가볍다.

그해 봄이 끝나갈 무렵이었다. 지극히 고단했던 생의 끈을 놓고 엄마는 하늘길로 떠났다. 그보다 두 해 전 겨울, 설을 사흘 앞두고 아버지가 먼저 세상을 등졌다. 우리는 그렇게 고아가 되었다. 어느새 50년 하고도 두 해가 더 흘렀다.

엄마는 당신의 흔적을 모두 가지고 갔다. 남겨질 우리를 위해 기억조차 가져가신 것일까. 흐릿한 기억 속에 남은 건 통통하고 인자한 엄마 얼굴이다. 어린 나는 몰랐다. 그 얼굴이 병든 콩팥 탓에 부어 있었음을. 이제야 안다. 큰형도 나도 콩팥병을 앓고 있으니, 엄마의 아들들임이 새삼 실감난다.

엄마의 빈자리를 형수가 채웠다. 띠동갑인 형수는 엄마가 떠난 지 몇 달 후 우리 집에 들어왔다. 군 복무 중이던 큰형과 펜팔로 인연을 맺은, 긴 머리에 작은 얼굴의 가녀린 여인이었다.

형수와의 첫 만남은 우리에겐 어둠을 걷는 등불이었지만, 그녀에겐 눈물부터 삼켜야 하는 시련이었다. 땟국물 흐르던 남자아이 셋, 그을음 덕지덕지한 초가 부엌에서 애처로운 생을 버티는 모습은 너무도 처참했다. 돌아가고 싶은 마음이 하루에도 몇 번이었지만, 형수는 우리를 외면하지 않았다. 그때부터 형수는 엄마이고 누나였다. 그날 이후 밤하늘에 뜬 달이 유난히 둥글고 밝았다. 어느 날은 달 속에서 미소 짓는 엄마 얼굴을 보기도 했다.

하지만 엄마는 아버지 곁에 잠들지 못했다. 선산이 없는 우리 집은 아버지를 큰집 밭에 모셨다. 큰아버지는 엄마를 그 곁에 모시는 것을 허락하지 않았다. 결국 엄마는 할머니가 계셨던 깊은 골짜기, 햇볕조차 들지 않는 응달에 홀로 묻히셨다. 잔디조차 자라지 못하는 척박한 땅이었다.

엄마는 그곳에서 50년을 버티며 자식의 무사 평안을 빌었다. 언젠가 아버지 곁으로 갈 수 있으리란 믿음이 있었겠지만, 끝내 이뤄지지 못했다. 떠날 곳이라 여긴 탓일까, 그곳엔 할미꽃 한 송이 피어나지 않았다.

셋째 아들이 꽃 피우지 못한 청춘을 접고 먼저 떠났을 때, 엄마는 그 한까지 품었다. 자식들이 자리를 잡은 후 두 분을 함께 모시자고 의논했지만, 동생을 잃은 큰형은 이장을 두려워했다.

그러다 큰형이 혈액투석을 시작하고 뇌출혈로 기력을 잃은 후에 비로소 결심했다. 아버지 산소에 두 분을 함께 모시고, 작은 비석과 제단을 마련했다. 이제는 깔끔한 잔디 위에 이름 석 자가 또렷한 비석이 있고, 자식 손자들이 둘러앉아 음식을 나눌 공간도 있다. 앞산이 계절의 변화를 알려주고, 뒤로는 북풍을 막아 주는 산이 있다. 마을의 생사고락이 담긴 풍경이 내려다보이는 이곳은 배산임수라 부를 만한 명당이다.

산소를 옮긴 뒤 큰형은 시간이 날 때마다 부모님 산소를 찾는다. 그는 엄마에 대한 선명한 기억을 간직하고 있다. 젖이 나오지 않아 허기진 아이를 품에 안고 젖동냥 다니던 엄마. 아픈 몸을 이끌고 자식의 공납금을 마련하러 남의 집에 일하러 다녔던 엄마의 거친 손.

그 기억들에 큰형은 자주 눈물을 삼킨다. 불편한 몸으로 잔디 위에 주저앉아 엄마 얼굴에 묻은 티끌을 털어내듯 호미질을 멈추지 않는다. 살아생전 효도라 할 만한 것이 이것뿐임을 한탄하며, 쉬지 않고 잡초를 뽑는다.

스물네 살 청년에게 불어닥친 운명 같은 바람은 그의 이마에 겹겹의 주름으로 남았다. 아버지 같은 큰형을 바라보며 내 마음이 젖는다.

어느덧 나도 엄마보다 많은 삶을 살아냈다. 가진 것 없이 앞만 보고 달리며 내 자식만 바라보던 세월, 그 시간은 어느새 불효의 이름으로 돌아왔다. 넘어지고 일어났던 젊은 날은 아득히 멀어졌고, 환갑을 넘은 지금에서야 엄마 마음이 가늠된다. 손이 아려오는 한겨울에도 장독대에 정화수를 올리고, 가늘게 떨리는 촛불을 보며 군에 간 큰아들의 무사 귀환을 비손하시던 엄마.

그렇게 기다렸던 장남을 보지 못하고 눈을 감았다. 험한 세상, 비어 있는 쌀뒤주와 철부지 아들들만 남기고 떠나야 했던 어미는, 마지막 숨결 속에서 단장의 고통을 삼켰을 것이다. 그 아픔을, 우리는 온전히 상상조차 할 수 없다.

음식을 제단에 올리고 부모님께 절을 올린다. 한 많은 큰아들도, 고생살이의 큰며느리도, 철없던 막내도, 할아버지 할머니 얼굴조차 모르는 손자도 모두 함께 절을 한다.

엄마를 곁에 둔 아버지 얼굴이 흡족해 보인다. 아버지 곁으로 온 엄마의 얼굴은 홍조를 띠었다. 빨갛게 익은 사과처럼 복스럽고 따뜻한 그 얼굴. 여덟 살 막내가 보았던 엄마 얼굴이다.

나도 모르게 눈을 감는다. 산에서 불어온 삽상한 바람이 코끝을 스친다.

나의
산타클로스

벌써 18년이 흘렀다. 그해 성탄은 우리 가족에게 특별했다. 아이들은 생애 첫 성야 미사를 준비하며 들떠 있었고, 나 역시 감사와 기쁨으로 하루를 맞이했다. 다만, 문제는 나의 대리운전이었다. 대리운전 기사에게 장거리 고객은 최고의 VIP다. 그날 오후, 창원에서 한 고객이 전화를 걸어왔다.

"대구에서 모임을 마치고 창원까지 가는데 운전해 줄 수 있겠습니까?"

가능하다고 망설임 없이 답했다. 무엇보다 현금이 절실한 시기였다.

성탄 전야 미사가 시작되기 전, 나는 아이들에게 말했다.

"혹시 아빠가 중간에 나가면, 미사 끝나고 너희끼리 집에 가야 한다."

연락이 오지 않기를 간절히 바라며 미사에 들어섰지만, 20분쯤 지나 전화기가 진동했다. 고객 호출이었다. 잠시 머뭇거렸지만 이내 자리를 떴다. 아이들과 함께하는 첫 성탄 미사는 그렇게 뒤로 미뤄야 했다.

창원에 도착하고 돌아오는 길은 험난했다. 당시에는 대리운전 기사가 장거리에서 회귀하는 방법은 고속도로 요금소에서 대구로 오는 차를 얻어 타는 것이었다. 요즘 같으면 상상할 수 없는 일이지만, 그때는 인간미가 조금은 남아 있던 시절이었다. 창원 시내에서 북창원 요금소까지 택시비 5천 원을 주고 왔다. 표를 뽑아주면서 소리쳤다.

"대구 가는 대리기사인데 좀 태워 주십시오."

처음에는 통행하는 차량이 어느 정도 있어서 남성 운전자에게만 부탁했다. 한 시간이 지나서 밤 11시가 되면서는 차량 통행이 확연히 줄었다. 그때부터는 여성 운전자에게도 부탁해 보았다. 대부분 침묵으로 거부하거나 방향이 맞지 않다며 거절했다. 자정이 가까워지면서 두려움과 서글픔이 움트기 시작했다. 멀리서 반짝이는 시골 교회의 빨간 불빛만이 나를 위로해 줄 뿐 주변은 적막했다.

자정이 임박해서 검은색 승용차가 요금소로 들어왔다. 서울 가는 중년 남성이 동승을 허락해 주었다. 표를 뽑아 건넨 지 두 시간이 지나고 있을 때였다. 그가 먼저 통성명을 유도했다. 상대를 편안하게 해 주는 기질이 엿보였다. 능숙한 사업가이거나 학식이 풍부한 지식인 같았다. 더구나 수수한 세미 정장과 검은 뿔테안경은 지적인 기품을 느끼게 했다. 대구까지 오는 동안 우리는 많은 이야기를 나누었다. 그는 서울과 창원을 오가며 사업을 하고 있다고 했다. 정확한 나이는 알려 주지 않았으나 50대 초반이라고 했다. 나보다는 5년 이상 연상이었다. 나는 내 나이를 정확히 말해 주었다. 그것이 호의를 베풀어 준 연장자에 대한 예의라고 생각했다.

"정말 감사합니다."

"이런 밤중에 대리기사를 그냥 두고 갈 수는 없지 않겠습니까."

짧은 한마디가 가슴 깊이 박혔다. 감사함에 더해 존경심마저 일었다. 우리는 삶에 대해, 일에 대해 많은 이야기를 나눴다. 동시대를 살아가는 중년의 남자들이라 삶의 고민이 크게 다르지 않았다.

나는 물었다.

"어떻게 하면 성공할 수 있을까요?"

그는 웃으며 대답했다.

"차만 크다고 성공이라 할 수는 없지요."

겸손함이 느껴졌다.

나는 진심으로 부탁했다.

"정말 새겨들을 만한 말씀 하나만 해 주십시오."

그는 천천히, 그러나 또렷하게 말했다.

"이것만은 분명합니다. 돈은 명석한 두뇌를 가졌습니다. 저도 30대에 큰돈을 만졌다가 실패했고, 40대 중반에야 재기했지요. 돈은 게으르고, 낭비하고, 거만하고 교만한 사람을 싫어합니다. 처음엔 그런 사람에게 몰려가다가도 결국은 떠나갑니다. 다시 돌아오지도 않아요. 반대로 부지런하고, 절약하고, 겸손하며, 나누는 사람을 좋아합니다. 그런 사람에겐 천천히 다가가지만 오래 머뭅니다."

그러고는 다정하게 웃으며 덧붙였다.

"정 선생은 돈이 좋아하는 자질을 가진 것 같습니다. 포기하지 말고 열심히 살아가면, 언젠가 돈이 정 선생을 알아볼 겁니다."

그가 진심으로 한 말인지 알 수는 없었다. 그러나 그 말은 이후 내 삶을 지탱하는 말뚝이 되었다. '언젠가는 돈이 나를 알아볼 것이다.' 나는 그렇게 믿고 살아왔다.

달성터널을 빠져나올 즈음, 우리는 여전히 이야기를 나누고 있었다. 나는 중상층의 삶이 궁금했고, 그는 중하층의 삶이 궁금했다. 차는 화원 요금소를 지나 남대구 나들목에 멈췄다. 내리기 전, 나는 연락처라도 달라고 했다.

"가끔 안부 전화라도 드리겠습니다."

그러나 그는 웃으며 말했다.

"소중한 인연은 짧을수록 아름다운 법이지요."

그러고는 그대로 떠났다. 사람으로 인한 고락을 수없이 경험해 본 사업가의 지혜인가 싶었다.

시간은 새벽 1시가 넘어서고 있었다. 몇 호출을 더 받을까 싶어 단말기를 켜보니 화면은 조용했다. 집에 도착하니 아이들은 자고 있었다. 택시비 제외하고 5만 원이 손에 들려 있었다. 소주 한 잔 마시고 잠을 청했지만, 수많은 생각이 잠을 쫓았다.

해마다 찬 바람이 부는 겨울이 시작되면 유독 생각나는 사람이다. 내 인생 고된 시기를 보내고 있을 때 빛처럼 나타나 희망과 용기를 주고 홀연히 떠난 그, 짧은 만남이었으나 긴 여운을 남기고 간 그 사람은 성탄을 축복해 준 나의 산타클로스였다.

연말이 다가온다. 지난 십수 년간 나는 누구의 산타였던 적이 있었던가? 베풂의 가치를 눈여겨본다는 돈의 명석함이 두려워지는 것은 왜일까?

동행

　다육식물을 알게 된 건 그녀 덕분이다. 하루의 시작과 마감을 베란다에서 보내는 사람. 사람보다 식물에 마음을 쏟는 이. 베란다 한가득 다육이가 자리 잡아 바람조차 비집고 들어올 틈이 없다. 알아듣지도 못할 식물에 쉴 새 없이 말을 건다. 기운이 없어 보이면 쓰다듬고 물을 뿌려 준다.

　"적당히 해, 너무 무리하지 마."

　내 걱정 따위는 듣는 둥 마는 둥이다. 개체 수를 줄이고, 몸을 좀 쉬라고 타이르면 그저 웃는다. 몸이 마음을 이기지 못한다고 말하니 도리가 없다.

　지친 몸과 마음을 치유해 주는 유일한 위로가 그것이라 하니, 곁에 있는 나는 미안한 마음으로 바라볼 뿐이다.

　그녀를 처음 만난 건 지인의 소개 자리였다. 인생길 어느 지점에서 문득 마주한 한 사람. 맑고 순수한 첫인상이 오래도록 마음에 남았다. 거추장스러운 꾸밈없이 나이에 비해 유난히 때 묻지 않은 순박함이 있었다. 어느 영화에서 본 산골 소녀의 해맑은 눈과 웃음을 닮았다. 동막골 소녀 같다고 놀려도 싫어하는 눈치는 아니어서 더 좋았다. 촌스럽다는 의미가 아님을 그녀도 알고 있었다.

우리는 많은 공통점을 가지고 있었다. 가장이라는 무거운 배낭을 메고 닳지 않는 무거운 신발을 신고 길을 걷고 있었다. 삶의 책임 앞에서 쓰러지지 않으려 버티는 자세도 닮았다. 그래서일까. 동병상련의 친근감은 그리 오랜 시간이 필요하지 않았다.

그녀의 삶은 검소하고 정갈했다. 유명 상표는 아니었지만, 배낭도 신발도 깨끗했다. 아담한 체구에 잘 어울리는 단정함이었다. 다만, 나는 그 무게를 짐작하지 못했다.

어느 날, 가장의 길을 함께 걷던 우리는 길섶의 널찍한 바위에 앉아 처음으로 휴식을 함께했다. 그녀가 벗어놓은 배낭은 내 생각보다 훨씬 무거웠다. 신발도 깔끔했지만, 딛고 지나온 발자국엔 고단한 무늬가 선명했다. 그녀는 지쳐도 쉬지 못했다. 멈췄다가 다시 일어설 자신이 없었기 때문이다. 애처롭고 위태로워 보였지만, 그녀는 웃음을 잃지 않고 한발 한발 전진했다. 그 모습이 내 마음을 아리게 했다. 도와주고 싶었지만 나 역시 그럴 형편이 못 되었다.

나는 일찍이 불필요한 짐은 내려놓고 남은 것만으로 힘겹게 버티는 중이었다. 우리는 앞서거니 뒤서거니 하며 보폭을 맞추었다. 시간이 흐르자 짐의 내용도 조금씩 알게 되었다. 어느 것 하나 포기할 수 없는 사연들이었지만, 마음먹기에 따라 내려놓을 수 있는 것도 있었다. 신뢰가 쌓이고, 사랑이 움트면서 그녀의 짐은 조금씩 가벼워졌다.

나는 말했다.

"꼭 필요한 것만 남기고, 나머지는 버려요. 당신 삶을 가장 소중히 여겨야 해요."

그녀는 망설임 없이 따랐다. 가벼워진 배낭, 경쾌한 걸음, 그녀는 더 단단해졌고 아름다워졌다. 행로 중 처음 만난 샘터는 사막의 오아시스와 같았다. 참았던 갈증을 해소해 준 청량한 물맛은 형언할 수 없는 황홀함이었다.

그녀와 나는 샘터만 보이면 격정적으로 물을 마셨다. 고난 끝에 마시는 물은 온몸을 적셨고 꿀처럼 달았다. 그녀는 점차 자신을 사랑하게 되었고, 그런 그녀를 나는 사랑하지 않을 수 없었다. 산행 중에 송골송골 맺힌 땀방울은 산들바람이 식혀 주었다. 그때부터 들꽃과 나무 그늘도 시야에 들어오기 시작했다.

계절이 돌았다. 개나리와 진달래가 봄을 열었다. 아카시아 향이 바람 타고 스치더니 짙푸른 여름이 우리를 감싸안았다. 어느덧 오색 가을이 산천을 물들였다. 나날이 설렘으로 시작되고 기쁨으로 마무리되었다.

그간의 아픔은 그저 지나간 날의 경험일 뿐이었다. 추억은 겹겹이 쌓여 행복한 기억이 되었다.

여정의 종착점은 아직 멀다. 어디쯤 가서 멈출 수 있을지, 무엇을 기억하고 무엇을 잊을지 아직 알 수 없다. 하지만 분명한 것은 함께한 기억이 혼자 걸은 시간보다 훨씬 더 선명하고 따뜻하다는 것이다.

오늘도 그녀는 베란다에서 다육식물을 바라보며 속삭인다. 뒷모습을 바라보고 있으면 지친 몸으로 험준한 길을 걸어가던 그녀의 모습이 애잔하게 떠오른다.

"지금 이 길, 우리는 잘 걷고 있어요."

그녀에게 말해주고 싶다.

"인생이라는 길은 회귀할 수 없는 소중한 순간입니다. 마주하는 쉼터는 망설이지 말고 쉬면서 갑시다."

보고 느끼게 해주고 싶은 것은 너무 많은데 가장의 길을 선택한 그녀의 운명은 아직도 휴식을 허락받지 못하고 있다.

어둠이 물러난 자리에 빛이 앉았다. 싸늘한 바람이 어디론가 물러나자, 따스한 햇볕이 창을 넘는다. 빛과 바람을 선물 받은 다육식물은 시든 얼굴에 다시 통통한 살을 채운다. 봄기운을 감지했는지 꽃망울이 수줍게 맺히기 시작했다.

늦은 밤,
한 그릇의 삶

결국, 가스렌즈에 불을 켜고 말았다. 라면 하나 끓어낼 물을 담은 양은 냄비가 부지런히 달궈지고 있다.

10시를 넘어서는 밤 깊은 시간에 부엌에서 작은 소동이 있었다. 참으려는 위장과 먹으려는 뇌가 한밤중 부엌에서 치열하게 맞붙었다. 이미 휴식에 들어간 위장은 질병의 원인이 될 수도 있다고 겁박했지만, 먹고 싶은 욕구는 삶의 첫 번째 즐거움이니 순응해야 한다는 뇌의 응수 또한 만만치 않았다. 치열한 싸움은 꽤 길었고, 뇌가 이겼다. 애초부터 위장이 이길 수 없는 싸움이었다. 오장육부를 관장하는 것이 뇌가 아니던가. 어쩔 수 없다. 투덜대던 위장도 순응할 준비를 마쳤다. 뇌도 미안함이 없지는 않다. 자정이 코 앞인데 쉬고 있는 위장을 흔들어서 일을 시킨다는 것은 폭력임을 잘 안다. 잠잘 시간이 임박했으니, 위장은 하루를 마감했을 것이고 다시 활동하라고 요구하는 것은 강편치를 날리는 것이다.

수프를 품은 물이 끓는 점에 도달했다. 라면을 통째로 넣었다. 먹을 때 빨아들이는 면발의 끌림을 위해서다. 라면이 적당히 익으면 젓가락으로 면발만 덜어낸다. 곱슬한 라면의 쫄깃한 탄력을 보존하기 위해서다. 국물만 남은 냄비에 달걀을 풀어 넣고 불을 끈다. 찬물 가득한 양푼에 냄비를 넣어 국물을 식힌다. 식은 국물이 면발 위에 부어질 때 고스란히 모인 달걀의 노란빛이 침샘을 자극한다.

라면을 먹을 때는 한 가지 반찬이면 충분하다. 두 가지 이상이면 오히려 맛이 흐트러진다. 이것은 라면만의 장점이다. 손으로 찢은 배추김치 한 잎이나 아삭하게 부서지는 총각김치 하나면 최고의 맛을 즐길 수 있다. 나는 오늘 총각김치를 선택했다. 이틀 전 전라도에서 온 것이라 싱싱함이 뇌세포를 자극한다. 곱슬한 면발의 쫄깃함이 무의 시원함과 입안에서 융합되면 그 순간의 느낌은 지난여름 강가에서 마시던 얼음 막걸리의 짜릿함이다.

지금까지 먹어본 라면 중에 최고의 맛은 군복 입고 먹었던 라면이다. 83년 겨울은 유난히 추웠다. 일병 계급장을 처음 달던 날이었다. 야간 보초 근무를 마치고 내무반에 복귀했다. 뻿찟가(벽난로) 옆에서 몸을 녹이고 있는데 살며시 다가온 동기가 나오라고 손짓했다. 밖으로 나갔다. 뻿찟가 아궁이에 벌겋게 타고 있는 무연탄 위에는 어디서 구했는지 찌그러진 양은 냄비에 물이 끓고 있었다. 바닥에는 라면 두 봉지가 눈에 들어왔다. 일병 진급 축하 만찬이란다. 감동이었다. 뺏찟가 담당이던 동기의 새까만 손이 천사의 손길처럼 느껴졌다. 김치도 없었고, 조미료도 부족했지만, 그날 밤의 라면은 지금까지 먹은 그 어떤 라면보다 깊은 맛이 있었다. 숨어서 먹는 졸병의 라면에는 '긴장감'이라는 세상에 없는 조미료가 듬뿍 들어있었기 때문이었다.

라면과 최고의 궁합은 담배라고 생각할 때가 있었다. 애연가들이 흡연의 당위성을 말할 때 '식후 불 연초면 삼대 고자다'라는 말을 자주 한다. 음식을 먹은 다음 곧이어 피우는 담배의 맛은 그야말로 꿀맛이다. 담배를 피우지 않는 사람은 무슨 말 같지 않은 소리냐고 광분하겠지만 흡연의 경험이 있는 사람은 고개를 끄덕일 것이다.

90년대 초 구미에서 직장생활을 할 때 비 오는 여름날이었다. 배가 고프지도 않은데 하숙방에서 라면을 끓이고 있었다. 국물까지 말끔히 비운 다음 담배에 불을 붙였다. 한껏 빨아들인 연기를 단전까지 보낼 요량으로 들숨에 깊게 몰아넣었다. 짭짤한 라면 국물을 기억하고 있던 뇌세포는 니코틴의 몽롱함에 전신을 황홀경에 빠져들게 했다. 그날은 담배를 피우기 위해 라면을 끓여 먹었으니, 둘의 궁합이 찰떡이라 할 수밖에.

휴식에 들어간 위장을 귀찮게 했다. 말은 안 하지만 골난 성질이 위벽에 어떤 상처를 남길지 조금은 걱정이다. 다행히 오장육부를 관장하는 뇌가 행복했으니 넘치는 도파민으로 위장의 피로를 보듬었을 것이다. 이 밤에 라면을 끓인 것은 묻어 둔 라면의 애정이 허전한 마음에 불쑥 찾아들었기 때문이다. 그때의 상황과 감정은 다시 못 올 먼 날의 추억이 되었어도 입안에 가득한 면의 풍성함과 맛난 김치의 아삭함이 간직된 감성을 일깨우기에 충분했다.

마지막 남은 한 젓가락을 입안에 넣는다. 역시 처음과 마지막이 별미다. 늦은 밤 라면 한 젓가락과 김치 한 조각으로 행복의 바벨을 여지없이 넘었다.

우리는 삶에 너무 많은 의미를 부여하며 살아가는 건 아닐까, 하는 생각이 문득 스친다. 어쩌면 나는 너무도 쉬운 것을 너무나 어렵게 풀어가고 있는 것은 아닌가? 행복해지고 싶다는 욕망을 필요 이상의 가치로 포장하고 있는 것은 아닌가? 먹고 싶은 순간 먹는 것, 하고 싶은 순간 하는 것, 이것이면 충분한데 그동안 내 행복의 주권을 남에게 맡기고 있었다. 그들이 만들어 놓은 신기루 같은 기준을 쫓아 허겁지겁 달려왔다.

인제 보니 참 바보였다.

거실이 난장판이다. 어디서부터 손을 대야 할지 막막하다. 작은 집 곳곳에 숨어 있던 물건들이 다 튀어나온 듯하다. 막내가 새 직장을 찾아 미국으로 가는 짐을 꾸리고 있다.

지난해 11월, 객지 생활하던 막내가 집으로 돌아왔다. 해외 취업이 성사되어 떠나기 전 2개월 정도 가족과 시간을 보내고 싶다기에 그러라고 했다. 적적하던 집안에 다시 활기가 돌았다. 잡다한 일을 대신 해 주니 편하고 좋았다. 몸이 불편한 아비의 일거수일투족을 간섭하는 건 잔소리였지만, 마음 한편 든든했다.

그러나 그 나라의 정권이 바뀌고 대외정책이 자국 중심으로 바뀌면서 비자 발급이 예정보다 늦어졌다. 두 달이라던 시간이 다섯 달로 늘어졌다. 예전처럼 몇 달 후 돌아오는 장기 출장은 아니다. 짧으면 3년, 길면 5년이다.

자식을 보내는 아비의 마음은 착잡함을 넘어 두렵기까지 하다. 그곳은 4년 전 충격 사건이 있었던 애틀랜타가 아닌가. 출국 날짜가 사흘 앞으로 다가오자, 가슴 깊숙이 감춰 둔 눈물샘이 일렁인다. 미안함, 애석함, 두려움이 겹겹이 쌓인 눈물이다.

아들의 어린 시절은 평범하지 못했다. 부모의 보살핌이 가장 필요할 때 제대로 돌보지 못했다. 한글도 제대로 익히지 못하고 초등학교에 들어갔으니 서러움과 따돌림이 이만저만이 아니었다. 그때 아픔은 죄책감이 되어 지워지지 않는 상처로 남아 있다.

눈물에는 결이 있다. 건조한 눈에 수분을 공급하는 기초 눈물, 자극을 씻어내는 반사 눈물, 그리고 감정을 따라 흐르는 감정 눈물. 기초 눈물이나 반사 눈물은 생리적 반응에 가깝지만, 감정 눈물은 사람의 마음을 움직이는 힘을 지녔다. 눈물은 단순히 감정의 배출만이 아니다. 때로는 말보다 강한 울림을 주는 메시지다.

우리는 삶 속에서 눈물을 참아야 할 때와 흘려야 할 때를 만난다. 언제는 참아야 하고, 언제는 흘려야 하는지 정해진 기준은 없다. 그러나 경험으로 보자면, '공감'과 '공간'에 따라 달라진다.

아들이 고등학교 1학년 때였다. 성당 지인의 소개로 심리 상담 공부를 하게 되었다. 그곳에서 나의 대화법이 일방적이고 권위적이었다는 사실을 깨닫고 큰 충격을 받았다. 과정이 끝날 무렵, 무조건 듣기만 하겠다고 약속하고 아이들과 대화를 시도했다. 나의 진심을 받아들인 아들은 그간 눌러 왔던 감정을 쏟아냈다. 어린 시절 가정불화 속에서 겪었던 이별의 공포, 외로움, 고통. 아들은 마치 기다렸다는 듯이 폭풍 같은 눈물을 쏟아냈다.

　나는 아들의 눈물 앞에서 무너졌다. 무능함과 미안함이 동시에 몰려와 가슴을 조였다. 부자는 서로를 부여잡고 마음껏 울었다. 그날 이후, 우리는 매일 밤 대화했다. 그때 나는 확신했다. 눈물을 참는 것이 강한 자의 태도는 절대 아니라는 것을 알았다. 눈물이 진실한 언어가 되어 상대의 마음에 닿는 순간, 그것은 상상 이상의 힘을 발휘한다.

　감정의 눈물은 치유의 힘을 지녔다. 위로받지 못한 아픔이 어둠 속에서 삭아갈 때, 그저 눈물을 흘리는 것만으로도 마음이 후련해진다. 나는 어릴 적부터 내 의지와 상관없이 부모 사랑을 받지 못한 아픔을 안고 살았다. 말해도 해결되지 않을 일이었기에 가슴속 깊이 묻고 살아왔다. 자연스레 사람과의 관계에서도 소극적이고 방어적으로 되었다. 믿고 기댈 벽이 없다는 것을 너무 일찍 깨달았기 때문이었다.

　강해져야만 살아남는 줄 알았다. 외면을 유순하게 내면은 단단하게 '외유내강'만이 살아남는 유일한 방법이라고 생각했다. 가정을 꾸리고 나서도 상처는 쉽게 사라지지 않았다.

　그런 내 마음에 변화가 생긴 건 글을 쓰기 시작하면서부터다. 글을 통해 내 안의 수많은 나를 만났다. 웅크리고 있던 나를 불러내자 눈물이 쏟아졌다. 그 눈물이 상처를 달래 주었다. 그때부터 마음에 딱지처럼 굳어 있던 상처가 껍질을 벗기고 치유를 시작했다.

눈물은 삶에서 결코 피할 수 없는 동반자다. 지나온 인생을 돌아보면 늘 눈물과 함께였다. 10대엔 서러움의 눈물, 20대엔 그리움의 눈물, 30대엔 기쁨의 눈물, 40대엔 분노의 눈물, 50대엔 회한의 눈물, 그리고 60대엔 감사와 감동의 눈물이 흐른다.

나이가 들면서 줄어드는 것과 늘어나는 것이 있다. 머리숱은 줄고, 눈물은 많아진다. 어떤 이는 체력은 줄고 주름은 늘어난다고 하지만, 나는 눈물이 많아졌다. 타인의 슬픔이나 기쁨에도 쉽게 마음이 젖는다. 그럴 때마다 가슴속 눈물샘이 체면 없이 요동친다.

이런 나를 보고 팔순의 성당 형님은 이제 철이 들고 있음이니 부끄러워하지 말라 하셨다. 감정에 따라 흘리는 눈물은 자연스러운 것이며, 감출 필요도 없다고 하였다. 인간이든 동물이든 눈물에는 간절함이 깃들어 있다.

어릴 적 우리 집 소를 우시장에 보낸 날, 덩치 큰 녀석이 닭똥 같은 눈물을 뚝뚝 흘렸다. 헤어지기 싫다는 간절함이 그 눈물에 담겨 있었다. 나도 함께 울었다.

이제 나는 자식의 짐을 싸며 속으로 운다. 그 눈물에도 간절함이 있다. 제발 무사히 돌아오기를 바라는 부모의 마음이다. 몇 해가 걸릴지 알 수 없지만, 자식이 다시 돌아오는 날, 나는 분명 환희의 눈물을 흘릴 것이다.

3부

그리움이라는 이름의 풍경

여행이 끝나고 나면 허무감이 밀려오지만 감당할 만하다. 기획하고 실행하는 일련의 과정에서 오는 설렘은 비교할 수 없는 삶의 즐거움이다. 나는 그 속에서 무한 행복해한다. 그렇다, 이제는 알 것 같다. 내가 포기할 수 없는 첫 번째 그것은 설렘이었다.

〈포기할 수 없는 첫 번째 그것〉에서

그리워할 수
있어서

공직을 정년 퇴임하는 동무를 축하하기 위해 친구들이 모였다.
그 무리에 끼어 감포까지 왔다. 바닷가에 온 김에 일출을 보려고
바다로 나갔다.

몽돌이 가득한 곳이라 모래 해변과는 다른 감촉을 준다. 일출
을 기다리는 시간의 설렘은 언제나 변함이 없다. 단지 움직이기
시작하면 오른발이 예전처럼 편치 못할 뿐이다. 그래도 이만하기
다행이다.

칠흑 같은 어둠이 서서히 걷히고 수평선이 어렴풋이 나타났다.
구름이 짙게 드리워져 있다. 조금만 흩어져 준다면 좋으련만.

일출까지는 30분이 남았다. 아침 해를 기다리는 마음이 예전과
다르다. 심해를 박차고 오르는 붉은 해를 보면서 희망과 열정에

젖었던 젊은 날의 감정이 아니다.

파도에 발을 담그러 가까이 갔다. 낮은 파도는 발 앞까지 왔다가 거품만 남긴 채 휑하니 사라진다. 수줍은 여인의 부끄러움인들 이보다 더할까. 남겨진 물거품에 "그들은 잘 있느냐?"라고 물어보고 싶으나 이내 사라져 버린다. 간간이 키 높은 파도가 다가와 쓸데없는 생각 말라며 밀쳐내지만, 그들에 대한 기억이 그리움으로 남아 사라지지 않는다.

아버지는 술을 좋아하셨다. 한국전쟁이 끝나고 십수 년이 지났지만, 집마다 찌든 가난은 그대로 남았다. 천수답이 전부인 산골의 농사는 하늘에 맡겨졌다. 겨울이면 대다수 남정네는 투전판에서 봄을 맞았다. 어머니 심부름으로 아버지를 찾아가면 노름판 한쪽에서 곡주를 즐기고 있었다. 그래도 돌아올 때는 아버지 등의 땀 냄새를 맡았다. 늦은 나이에 막내를 얻은 아버지는 당신의 품에 안고 아들을 재웠을 정도로 막둥이에 대한 애정은 남달랐다.

내가 6살이던 그해 겨울은 눈이 많이 내렸다. 설을 사흘 앞둔 초저녁, 아버지는 동네 사람에 업혀 집으로 왔다. 화장실에서 쓰러졌다는데 말도 하지 못했고 눈도 뜨지 않았다. 의술이라곤 침술밖에 없는 산골이라 뇌출혈 환자에겐 별도리가 없었다. 3일 후 눈이 무릎까지 덮이는 아침에 아버지의 꽃상여는 집을 나섰다.

아버지는 두 해 뒤 늦은 봄날에 병환으로 고생하던 어머니를 당신 곁으로 데려갔다. 하루아침에 사 형제는 부모 없는 아이가 되었다.

막내의 학업을 책임지겠다며 방위산업체에 들어간 형은 불의의 교통사고 후유증으로 스물세 살 꽃 같은 나이에 부모님 곁으로 떠났다.

자나 깨나 친정 걱정에 고된 시집살이로 힘겨워하던 누님은 40대 중반에 천상으로 갔다. 졸지에 떠나버린 누나의 빈자리는 넓고 깊었다. 20년 나이 차는 남매가 아닌 모자의 감정이었다.

외롭고 힘들 때 바다에 왔다. 그때마다 나는 외쳤다.

"이렇게 힘든데 그들은 뭐 하고 있느냐?"

바다에 물어보곤 했다.

며칠 전, 큰형님을 찾아 병원에 들렀다. 졸지에 가장의 짐을 짊어졌던 20대의 청년은 70대 중반의 노인이 되었다. 물려받은 질병과 세파를 이겨낸 앙상한 몸피가 그가 가진 전부다. 나에게 아버지였던 그의 왜소해진 어깨가 가냘프게 흔들린다. 참아내는 설움과 억울함이 왜 없을까마는 같은 질환을 앓고 있는 막내를 바라봐야 하는 맏이의 서글픔이 여간 아니다.

살아오는 동안 큰형에게서 아버지의 따뜻한 품을 느끼지 못했다. 언제나 빈틈없고 철저했으며 완고했다. 작별하고 돌아오는데 들어가지 않고 눈길을 고정한 채 서 있다. 누군가의 등이 보이기 시작하면 사랑이 시작된 것이라고 했던가. 힘없이 흔드는 그의 손짓이 애처롭기 그지없었다. 그 모습에 아버지의 품이 느껴졌다.

지나온 30년, 세 아이의 아버지로 살아오면서 부족함이 많았다. 좋은 아버지가 되리라 마음먹었으나 보고 듣고 느낀 게 없었다. 먹이고 가르치는 것만이 아버지의 역할이라고 생각했다. 좋은 환경에서 유복하게 키우지 못한 것은 아버지의 무능력이라 해도 할 말 없는 시대가 아닌가. 편협된 성격은 상처 입은 어린 마음을 포근하게 감싸 주지 못했다. 뒤늦게나마 자식과 대화하며 청소년기를 함께할 수 있었던 건 그나마 다행이다. 30대를 바라보는 자식이 아버지 냄새가 좋다며 몸으로 짓이길 때면 왠지 뿌듯한 기분이 든다.

　하늘빛이 붉게 물든다. 일출이 임박했다는 대자연의 외침이다. 저 멀리 어딘가에 있을 아버지는 환갑을 넘긴 막내를 보고 뭐라고 할까? 물불 가리지 않고 죽을힘을 다해 재물을 쫓지 않은 자식의 나약함을 책망하지나 않을까? 위험을 멀리하고 적당히 타협한 무난한 삶은 이 넓은 들판에 보란 듯한 말뚝 하나 꼽지 못했다. 이는 불효가 아닐까?

　생각이 꼬리를 잡는데 수평선 위로 붉은빛의 동그라미가 선명하게 나타났다. 구름이 저만치 물러나 있다. 심해의 물살을 헤집고 만물의 빛이 되기까지, 지난밤 그가 치른 사투를 생각하면 경이롭다. 가족을 위해 마지막 땀방울도 아끼지 않은 아버지의 헌신적 사랑이 아침 해에 투영된다. 두 팔을 벌려 가슴 가득 기운을 들인다. 어딘가에 있을 아버지를 생각하며 한 번 더 깊게 숨을 들이마신다.

"사랑합니다. 그리워할 수 있어서 고맙습니다."

바다를 뒤로하고 돌아섰다.

"미안하다, 괜찮냐? 밥은 먹고 다녀라."

고개를 돌렸다. 아무것도 보이지 않고 수평선만 아득하다.

듣고 싶던 그 소리. 내 마음의 울림이었나 보다.

바다는 윤슬에 반짝인다. 눈부시게 찬란하다.

사라진 인연,
남은 향기

며칠 전, 성당 자매님들과 하중도에 갔다. 내 사진을 좋아해 주시는 분들이다. 가을 코스모스를 사진에 담고 싶다기에 점심시간을 쪼개 함께 갔다. 환갑이 가까운 나이에 소녀처럼 웃는 자매님들의 모습이 신기했다. 나이가 들어도 감성은 남아 그래로다.

40대까지는 봄이 좋았다. 추위를 이겨낸 버들강아지의 솜털에서 희망을 보았고, 그 청순한 기운에 경이로움을 느꼈다. 하지만 50대부터는 가을이 더 좋다. 결과에 순응하고 감사하는 마음에서 겸손을 배운다.

코스모스가 가을 길을 열면 벚나무잎은 갈색으로 물든다. 바람에 흩날리며 구르는 낙엽 하나를 주워 하늘을 본다. 뭉게구름은 느릿하게 북극의 빙하처럼 흘러간다. 유난히 평화로운 가을

날이다.

　40년하고도 2년이 흘렀다. 몹시 추웠던 그해 겨울, 정월 초순이었다. 급성 폐렴을 이기지 못한 형은 스물두 살의 청춘을 남기고 세상을 떠났다. 형에게는 회사에서 만난 연인이 있었다. 사랑이 끝내 이루어지지 못했기에 형은 미안했는지 그녀와 나를 새로운 인연으로 이어주고 갔다.

　누나를 처음 본 건 그해 3월이었다. 시골에서 중학교를 마치고 도시의 고등학교에 입학한 직후, 큰형이 누나를 소개해 주었다.

　"하늘로 간 동생의 여자였지만, 그 인연을 놓기 아쉬워 여동생으로 삼았다."

　그날부터 그녀는 내게 누나가 되었다.

　처음 본 누나는 긴 생머리의 계란형 얼굴, 키가 큰 아가씨였다. 낯설지 않았다. 다섯 살 위인 그녀는 나를 친동생 대하듯 안아주었다. 처음 느껴본 포근함에 마음이 유영했다. 말없이 전해지던 누나의 감정은 형을 보낸 슬픔이었다.

　우리는 주말마다 만났다. 한 주가 시작되면 토요일이 기다려졌다. 매주 완행열차를 타고 구미역에 내리는 일이 가장 큰 즐거움이었다. 누나의 자취방은 큰길에서 골목을 따라 들어가 오른쪽 녹색 철문 안에 있었다. 마당은 시멘트로 깔끔히 정돈돼 있었고, 주인아주머니는 형의 사연을 아는 듯 따뜻하게 나를 맞아주었다.

누나 방은 조용하고 따뜻했다. 연탄불 위에서 밥 냄새가 퍼지고, 석유풍로에서는 된장찌개를 뽀글뽀글 끓었다. 누나는 팔베개를 해주곤 했다. 겨울 솜이불처럼 따뜻한 품 안에서 그동안 견뎌온 외로움이 눈 녹듯 사라졌다. 누나는 형의 영혼을 안고 있었다.

전화가 흔치 않던 시절, 우리는 헤어질 때 다음 약속을 정했다. 어떤 날은 누나 없는 자취방에서 밤을 보내기도 했다. 누나의 근무가 철야로 바뀐 날이면 그랬다. 외로운 밤, 라디오에서 흘러나오던 '별이 빛나는 밤에'가 나의 친구였다. 아침에 돌아온 누나는 나를 금오산으로, 낙동강으로, 영화관으로 데려갔다. 레코드 가게에서 울려 퍼지는 '제3한강교'는 휴일의 정취를 더해 주었다. 그녀의 사랑은 형의 부재를 잊게 해 주었다.

봄이 가고 여름이 지나 가을이 되었다. 햇살이 구름 사이로 코스모스를 비추던 무렵, 우리는 금오산 오솔길을 걸었다. 수줍게 피어난 연분홍 꽃이 웃는 누나의 얼굴 같았다. 청초한 꽃 앞에서 우리는 발걸음을 멈추었고, 누나는 내 어깨를 감싸주었다. 찬 바람 속에서도 따스한 기운이 번졌다. 그 가을은 풍요로웠고 보내기 싫었다. 붙잡고 싶은 것은 시간뿐이 아니었다. 누나는 여성의 사랑이 얼마나 따뜻한지를 알려준 첫 사람이었다. 일찍이 어머니가 돌아가신 후, 여성의 정을 모르고 자란 나였다.

그러나 겨울이 오기 전, 누나는 서서히 멀어져갔다. "이제는 잊어라"는 말이 주변에서 많았을 것이다. 형의 영혼은 충분히 위로

받았고, 누나는 자기 인생을 찾아야 했다.

　십 년이 흘렀다. 군 제대 후, 형과 누나가 다녔던 구미의 G사에 입사했다. 대기업에 들어갔다는 기쁨보다 두 사람의 흔적이 있는 공간이라는 사실이 더 가슴을 벅차오르게 했다. 누나의 자취방을 찾아갔다. 집은 그대로였으나 대문도, 주인도 바뀌어 있었다. 미닫이문을 열면 누나가 나올 것만 같았다. 주인의 허락을 받고 누나 방 앞 시멘트 마루턱에 앉았다. 꽤 오랜 시간이 흘렀다. 추억이 한 편의 영화처럼 지나갔다. 금오산 머리 위에 해가 반쯤 기울 무렵까지 나는 그렇게 앉아 있었다.

　회사에서 형의 흔적은 찾을 수 있었지만, 누나의 흔적은 없었다. 형을 기억하는 사람은 있어도 누나를 기억하는 이는 없었다. 서른을 넘기면 노처녀 소리를 들었던 시절이었으니 지인이 있을 리 없었다. 누나는 어디선가 아내가 되고 어머니가 되었을 것이다. 내 평생 한 번이라도 그녀를 다시 만나고 싶었다. 고맙다고, 평생 잊지 못할 사랑을 주었다고 말하고 싶었다.

　하중도의 코스모스 들판 한가운데 누나가 있었다. 그 옛날 금오산길의 모습으로 손을 흔들고 있었다. 나는 카메라 렌즈로 누나의 모습을 당겨 보았다. 분홍빛 코스모스가 사진에 찍혔다. 눈을 감고 불어오는 바람에서 향기를 맡았다. 상념 속에서 한참을 그렇게 서 있었다. 누나의 인연은 사라졌지만, 그 향기는 여전히 내 가슴에 머물러 있었다.

이별

부는 바람이 낯설다. 타오르는 연기가 가냘프게 흔들리고, 그 윽한 향내가 잠든 영혼을 깨운다. 구월의 끝자락, 가을 문턱에서 그의 얼굴을 영정 사진으로 마주할 줄은 몰랐다.

"나는 왜 여기에 있어야 하냐?"

익숙한 음성이 귓가에 머문다. 젖어 드는 눈시울을 애써 감추 며 긴 숨을 내쉬었지만, 너는 왜 여기에 있어야 하는지 끝내 말해 주지 않았다.

그의 부고를 들은 건 제주도에서였다. 초·중학교를 함께 다닌 고향 친구들과 환갑 기념 여행을 하던 중이었다. 그도 투병 중이 아니었다면 일행이 되었을 것이다.

이튿날 아침, 제주의 신선한 공기를 깊이 들이마시는 순간, 전 화벨이 울렸다. 발신자의 이름을 보는 순간 싸늘한 예감이 등줄기를 훑고 지나갔다. 예감은 빗나가지 않았다. 오늘 아침 그가 세상을 떠났다는 소식이었다.

조반을 마치고 한껏 들떠 있던 일행은 순식간에 침울해졌다. 예상했지만 이렇게 빨리 갈 줄을 몰랐다며 애석한 심정을 쏟아냈다. 그러나 그 침울함은 오래가지 않았다. 여행 일정이 시작되고 버스 안은 다시 시끌벅적해졌다. 죽은 자와 산 자의 간극은 이토록 냉정하다는 사실이 새삼스럽게 다가왔다.

발인 하루 전, 비행기 일정을 변경할 수 없어 늦은 밤에야 상가에 도착했다. 조용한 조문실, 전광판에 또렷이 적힌 그의 이름 옆 '59'라는 숫자가 마음을 저미듯 아프게 했다.

"예순도 넘기지 못하고 뭐가 그리 급했다고, 친구들 여행 중에 먼저 떠났단 말인가."

원망 섞인 독백을 삼키며 향을 피우고 술을 따랐다. 내가 주는 마지막 한 잔이었다. 그는 마라톤 전 구간을 거뜬히 소화할 정도로 건강한 남자였다. 차분한 성격에 직장 생활도 성실했다. 그랬던 그가 직장 건강검진에서 '비소세포 폐암' 초기 진단을 받았다. 수술할 수 없는 부분이란다.

일본에서 상용화되었고, 국내에서 임상 단계인 치료 방법을 제안받고 무료로 치료를 시작했다. 경과는 좋았다. 그렇게 완쾌되는 줄 알았다. 그러나 암세포는 머리와 다리로 전이되어 갔다. 그런 중에도 삶의 희망을 놓지 않았다. 이겨낼 수 있다는 자신감을 보여 주었고 가끔은 식사를 같이할 정도로 긍정적인 사고를 하고 있었다.

그러나 머리의 종양이 커지고 의료진이 치료 포기를 선언하면서 급격히 나빠졌다. 결국 2년을 견디지 못하고 삶의 끈을 놓았다. 그는 떠나기 한 달 전쯤 풀지 못한 숙제를 내게 주었다.

어느 날, 그에게서 전화가 왔다.

"성당 신부님께 고백성사를 보고 싶은데, 어떻게 하면 될까?"

가톨릭 신자가 아닌 그가 왜 그런 말을 하는지 물었더니.

"지금까지 살아온 삶이 허망하고 죄스럽다. 가슴이 너무 아프다. 털어놓고 싶지만 마땅한 사람이 없었는데, 성당에 다니는 네가 떠올랐다."

그의 말에 가슴이 먹먹해졌다. 가족 이야기를 하며 전하던 울분은, 내가 알던 그의 가족상과는 달랐다. 섬망 상태가 아니었을까 싶었다. 몇몇 지인에게 물었지만, 그들도 비슷한 말을 들었다고 했다.

성당 사무실에 문의하니 방법이 없는 것은 아니지만, 가족의 동의가 필요하고 무엇보다 본인의 정확한 의향이 중요하다는 답변을 받았다. 가톨릭에서는 죽음을 앞둔 병자에게는 일반 신자도 세례를 줄 수 있는 '대세'가 있기에 마음의 준비만 하고 있었다. 결국 해야 할 숙제인지 하지 않아도 될 숙제인지 말해주지 않고 그는 떠났다. 이후 불교 의식으로 진행되는 장례를 보고는 하지 않아도 될 숙제라는 생각에 마음의 부담을 덜었다.

장례를 마치고 며칠 뒤, 친구 H에게 들은 이야기는 가족의 지극한 간호를 받던 그가 죽음을 앞두고 예상할 수 없는 행동으로 주변 사람을 힘들게 했었다는 말을 들었다. 내게 했던 그의 말은 진실이 아니었음이 확인되는 순간이었다. 그제야 그를 향한 애처로움을 조금은 거둘 수 있었다.

그는 성주의 공원묘지에 안장되었다. 마지막 배웅을 위해 장지까지 갔다.

"이곳에 묻히자고 그렇게 치열하게 살았던가."

허망함이 물밀듯 몰려왔다. 낯선 땅, 무연의 공간이 아닌가. 그가 누운 이곳은 어릴 적 냇가나 고샅길과는 너무 멀었다. 차라리 익숙한 흙냄새 속에 누웠더라면 힘겨웠던 세월의 고단함은 덜했을 텐데. 그가 누운 자리는 겁먹은 아이처럼 외로워 보였다.

돌아서는데 그의 음성이 등 뒤를 붙잡는 듯했다.

"이승의 삶이 있으면 저승의 삶도 있는 것이니, 늦고 빠름의 차이일 뿐 슬퍼하지 말게."

이 말이라도 해 주고 싶었지만, 떠나는 그의 뒷모습이 너무 쓸쓸해서 눈을 감았다.

"이별은 또 다른 만남의 약속이라 했으니, 머지않아 다시 만나겠지. 외로워 말고 잘 가시게."

반백 년의 인연과 그렇게 작별했다.

"수야, 나는 이제 안 되겠다. 너라도 건강 잘 챙기고 재미있게 살아라."

그가 남긴 마지막 당부가 메아리처럼 흩어졌다.

죽음을 두려워하지
않게 하소서

왼쪽 무릎이 퉁퉁 부었다. 투정 부리는 어린아이의 볼살 같다. 손으로 누르면 물렁거리는 것이 속에 핏물이 고여 있다. 다니는 병원에서 큰 주사기 두 개로 피를 빼내는데 차마 보기에 끔찍스럽다.

나이가 들면서 생활에 변화가 일기 시작했다. 자주 만나는 사람은 의사이고 가까워진 것은 병원이다. 반면에 뜸해지는 것은 친구이고 멀어진 것은 술이다. 친구와 술이 멀어지니 사는 재미도 반감됐다. 살면서 먹고 마시는 재미가 얼마나 소중한지 새삼 절감하는 요즘이다. 가끔, 홀로 가는 노래방에서 위안을 얻지만, 노루 꼬리만큼 남는 쓸쓸함은 어찌할 수 없다.

한번 맺은 인연을 놓지 않으려는 곳이 병원이다. 한쪽에 탈이

나면 또 다른 쪽이 기다리고 있었다는 듯 연이어 발병한다. 병원 가기가 무섭다. 예전에 중고 자동차 구매했을 때 카센터 가기 두려운 것과 흡사하다. 어찌하리, 귀히 여기지 않고 무참히 다루었던 지난날의 업보인 것을. 닦고 기름치고 쉬게 하면서 부렸더라면 이렇게 망가지지는 않았을 것을. 때늦은 반성이지만 되돌릴 수 없는 세월이고 고쳐 쓸 수 없는 몸이니 후회한들 별수 없다.

"어쩔 수 없었잖아."

스스로 위로해도 그림자처럼 따르는 미련은 떨칠 수 없다.

벌써 20년이 흘렀다. 강산은 두 번이나 허물을 벗어냈다. 세월의 흐름은 폭우를 몰아가는 급류 같다. 눈앞에 닥쳐오는 책무를 헤쳐오는 데 급급했던 시절이었다. 그날도 가장의 책임감은 일요일 배달을 마다하지 않았고, 그것이 사고로 이어졌다. 하늘의 보살핌으로 함께 탔던 두 아들은 상처 하나 없이 무사했다. 사고로 왼쪽 무릎의 십자인대가 파열되었고, 6개월 병원 생활 끝에 후유장애 진단을 받았다. 그때부터 멀쩡하던 가정이 흔들리기 시작했다. 불편한 다리인들 쉴 수 없었다. 물불 가릴 겨를이 없었다.

그 후유증이 20년 세월이 지나도 떠나지 않고 있다. 병원에서 MRI 사진을 찍었다. 지난달부터 왼쪽 무릎에 핏물이 차기 시작했다. 그전까지는 계단을 오르내리는 것이 힘들 정도의 통증은 있었지만, 물이 차지는 않았다. 다니는 병원에서 세 번 정도 핏물을 뽑았는데 자꾸 생긴다. 투석으로 인해 배출되지 않는 수분이라고 단정하기엔 불편함의 정도가 심해서 정밀 검사를 해보기로 했다. 결과는 전방 연골이 닳아서 물과 통증이 발생한다는 진단이다. 수술할 정도는 아니니 물을 제거하면서 연골 재생 치료를 하는 것이 좋겠단다. 다행이다. 또다시 수술해야 한다면 그나마 버티고 있던 정신력은 힘없이 허물어졌을 것이다.

나이 먹고 가장 두려운 것이 수술에 대한 공포다. 20년 전 무릎 수술 후 지난번 뇌동맥류 수술은 무시무시한 고통을 동반했다. 수술 후 회복 단계에서 감내했던 통증과 메스꺼움은 다시 생각하기 싫은 고문이다. 머리를 쥐어짜는 통증은 새 생명을 잉태시키는 어미의 고통이 이보다 더할까 싶었다. 신장 투석이라는 만성 질환을 앓고 있는 나에게 강력한 진통제는 쓸 수 없었겠지만, 그때의 기억은 공포다.

신장 투석으로 몸의 균형이 무너지니 뇌졸중과 뇌동맥류가 동무해 왔다. 오른쪽 수족이 마비되는 뇌졸중은 회복 단계에서 그나마 성한 왼쪽 다리에 무리를 주었다. 결국은 연골 파괴를 불러왔다. 하나가 회복되고 하나가 탈이 나면, 그래도 견딜 수 있으련만 연달아, 아우성치니 감당이 안 된다. 몸의 장기 중 가장 중요하다는 콩팥이 기능을 상실하니 모든 장기가 불안정하다. 오장육부가 언제 무너질지 몰라 모래성같이 느껴진다. 먹는 음식과 영양소가 불안정하고, 먹고 싶은 욕구를 자제하기가 쉽지 않다. 질환에 유순한 음식을 골라서 섭취한다는 것은 내게는 불가능에 가깝다.

얼마 전 큰형님의 근황을 알리는 형수의 전화가 있어 큰집에

갔다. 형님의 병환은 많이 악화하여 있었다. 뇌졸중이 재발하여 응급실에 다녀왔지만, 병원에서도 별도리가 없는지 집으로 왔단다. 허리 통증이 다리로 내려와 혼자서는 걷기도 힘들어한다. 식사 중에 형수가 도와주려 해도 한사코 거절한다. 스스로 하려고 하지만 한 숟가락을 입으로 가져가는 데 분초를 헤아린다. 그마저도 숟가락을 떨어뜨린다. 그래도 아내의 도움을 거절한다. 어떡하든 스스로 해내려고 가진 힘을 다한다. 시설로 가지 않으려는 몸부림인가 싶어 가슴이 저린다. 다가오는 운명을 평온하게 받아들일 수 있는 마음은 정말 불가능한 것일까. 나는 그 앞에서 또 한 번 눈물을 삼킨다. 모계 유전으로 형님의 병환을 그대로 따라가고 있는 나는 그를 통해 미래를 본다.

얼마 전부터 아침 기도의 지향이 달라졌다. 전에는 "오늘 내가 만나는 사람과 사물에 감사와 배려와 겸손으로 함께 하게 하소서"였다.

이제는 하나 더 붙였다.

"저에게 죽음을 두려워하지 말게 하소서."

사람은 생물인지라 가을날 떨어지는 낙엽과 같이 역할을 다하면 생을 마감하는 것이다. 죽음에 선후는 있으나 이승에 영생할 수 없다는 것을 산 자는 안다. 일생의 인연들이 뭐 그리 정겨워서 이별을 두려워하는지 모르지만 죽음을 거부하는 산자의 몸부림이 처연하기까지 하다.

비참한 모습으로 삶을 지속하는 것이 복이 아님을 알지만, 비

천한 생명줄을 끊을 수 없음은 인간의 존엄성 때문이다. 어떻게 죽느냐는 죽는 이의 선택이 아니다. 슬픈 일이다. 죽음 앞에서 두려움에 떠는 것이 과연 나약함일까, 아니면 인간다움일까? 죽음을 무서워하는 인간을 위안하기 위해 호모사피엔스 종은 종교를 만들어 천당과 극락이라는 내세를 만들었다.

종교를 가진 자, 내세에서 그립던 인연을 다시 만날 수 있다는 희망으로 죽음을 맞을 수는 없는 것인가?

나는 오늘도 두 손을 모은다.

"죽음을 두려워하지 않게 하소서!"

포기할 수 없는
첫 번째 그것

아침 일찍 대학병원에 왔다. 이른 아침인데도 접수대를 비롯한 로비에는 사람들로 북적인다. 대형병원이라서 그렇다지만 이렇게 많은 사람이 질병으로 고통받고 있다는 게 놀랍다. 한편으로 위안이 된다. 나 홀로 가는 길이 아니구나. 함께 가는 길벗이 적지 않으니 외롭진 않겠다 싶었다. 나만 불행하지 않아 다행이라는 생각이니 못돼먹은 심보다.

2년 전 뇌졸중으로 병원 밥을 먹고 있을 때였다. 느닷없이 심장내과에서 초음파기기를 들이대더니 '심방중격결손'이라는 진단을 내렸다. 예상하지 못했다. 좌심실과 우심실 사이에 막이 있는데 막에 구멍이 생긴 선천성 질병이란다. 작은 구멍이라 당장에 문제가 되는 것은 아니라며 경과를 지켜보자고 했다. 2년이 지난

올해는 구멍이 커져서 혈류에 문제가 있다며 시술을 권유했다.

몸에 병이 하나둘씩 늘고 있다. 신장. 고혈압, 뇌혈관, 심장까지 마치 병사의 어깨에 계급장이 하나씩 늘듯, 어느새 병장쯤은 된 듯하다. 병장이 되면 곧 제대하여 자유의 몸이 될 터인데 내 뜻은 물어보지도 않고 장기 복무로 결정되었다 하니 기가 찰 노릇이다. 나만 이런가 싶어 의사에게 불평을 늘어놓았다.

그랬더니 의사가 웃으면서 말했다.

"60년 사용했으면 고장 날 때가 되었습니다. 자동차를 생각해 보세요."

"그래도 한꺼번에 많은 병이라 억울합니다."

"의술이 좋은 세상이니 고쳐가며 살면 됩니다. 좀 불편해서 그렇지 모르는 것보다 알고 관리하는 것이 낫잖아요."

그러면서 갑자기 물었다.

"포기할 수 없는 것 중 첫 번째가 무엇입니까?"

"……"

"역시 대답을 못 하시네요. 이 질문에 선뜻 답하는 사람은 거의 없습니다. 평소에 생각해 보지 않았기 때문입니다. 이제는 생각해 보셔야 합니다. 포기할 것은 과감히 포기하시고 중요한 것 한두 개만 가져가십시오."

"알겠습니다."

나보다 젊은 의사의 예상치 못한 질문에 당황하면서 그러겠다고 답했다.

병원 복도를 걸으면서 정신과 의사가 아닌 심장내과 의사가 내리는 문서 없는 처방전을 들고 곰곰이 생각했다. 내가 포기할 수 없는 첫 번째가 무엇일까? 나이가 들면서도 그러했지만, 근년에 일어난 내 몸의 상병들이 많은 것을 포기하게 하였다. 그런데도 선뜻 답하지 못한 것은 포기할 수 없는 것이 많아서가 아니라, 어느 것 하나 중요하지 않은 것이 없었기 때문이다.

더 솔직히 말하면 껍데기만 포기했지 속살까지 포기하진 못했다. 누가 물었을 때 3초 이내로 답할 수 있으면 그것은 진정 간절한 것이라 했다. 내 인생을 즐겁게 해 줄 무엇이 있기는 분명 있을 것이다. 내가 포기할 수 없는 첫 번째 그것, 그것이 무엇일까?

차는 지하 주차장을 벗어나 지상으로 나왔다. 가을비가 내리고 있었다. 와이퍼가 제법 숨차게 움직였다. 나는 병원 정문에서 또 다른 문제로 갈등한다. 가까운 길, 편한 길 어디로 갈까? 매 순간 갈등하고 고민하고 선택을 반복한다. 그래서 삶은 고통이라고 했는가 보다. 차는 횡단보도 신호가 끝나기를 기다렸다가 우회전했다. 가까운 거리를 포기하고 외곽 순환 도로를 선택했다.

한적한 4차선 도로 위에서 가속 페달에 힘을 주었다. 나의 애마는 주인의 마음을 아는지 축촉이 젖은 콘크리트 바닥을 부드럽게 차고 나갔다. 답답하던 마음이 한순간에 뻥 뚫리는 것 같았다.

비는 그치려는지 가는 빗줄기가 차창을 적셨다. 젖은 노면을 거침없이 달리던 차가 터널에 접어들 때였다. 나무에서 떨어져 지향 없이 떠돌던 낙엽이 차창에 앉았다. 마주 볼 겨를도 없이 와이

퍼가 사정없이 구석으로 치워버렸다. 순간이었지만 낙엽이 하는 소리를 들었다. 가을이라고, 깊어지는 가을을 속절없이 보내지 말라는 속삭임을 나는 들었다. 그렇지 가을이지!

터널을 나와 칠곡 분기점을 지날 때쯤 나의 시선은 누렇게 물든 지천들의 나락 위에 멈추었다.

"그래! 떠나자. 반드시 떠나야 한다."

"설악으로 갈까 주왕으로 갈까?"

"아니다, 설악은 멀고 가을의 주왕은 혼잡하다."

"그래, 보현산 계곡 '뱀골'로 가자."

"누구랑 가지? 혼자 갈까 둘이 갈까?"

"오롯이 즐기는 데는 혼자가 좋겠다."

내가 묻고 스스로 답하기에 바쁘다. 심장이 뛴다. 정해진 것은 아무것도 없는데 가슴은 흥분되고 기분은 상쾌하다. 병원에서 우울함은 말끔히 사라졌다. 몸은 가볍고 마음은 가을빛처럼 들떠 올랐다. 가을을 즐길 수 있다는 것의 설렘은 어떤 고통과 고뇌도 말끔히 씻어내는 힘을 지녔다. 오색으로 물든 나뭇잎 사이로 스며드는 가을빛이 영롱하게 빛날 때 나는 감사하고 감탄하고 감동한다.

곪아가는 육신은 아랑곳하지 않고 언감생심 노후의 삶을 꿈꾸는 내 모습이 가당찮게 보일 때도 있다. 반면에 긍정의 에너지로 계획하고 실천하는 모습이 대견할 때도 있다.

여행이 끝나고 나면 허무감이 밀려오지만 감당할 만하다. 기획하고 실행하는 일련의 과정에서 오는 설렘은 비교할 수 없는 삶의 즐거움이다. 나는 그 속에서 무한 행복해한다. 그렇다, 이제는 알 것 같다. 내가 포기할 수 없는 첫 번째 그것은 설렘이었다.

석굴암

주말 아침, 가을 하늘은 햇살과 구름을 적당히 섞어 주었다. 여행하기 딱 좋은 날씨다. 문학기행을 떠나는 문우들로 버스는 만석이다. 들뜬 분위기의 버스는 경주까지 단숨에 내달렸다. 곡선을 따라 오른 토함산 길은 막바지 단풍이 안내하고 있었다. 석굴암 주차장에 내리자 11월의 찬 바람이 살결을 긴장시켰다.

유홍준 교수는 《나의 문화 답사기》에서 석굴암을 "종교와 과학과 예술이 하나 됨을 이루는 지고의 최미"라며 극찬했다. 석굴 앞에 서면 숨이 막힐 듯한 감농에 말조차 삼가게 된다고 했다. 그 말에 고개를 끄덕이면서도, 일상에 치여 살아가는 내 감정이 과연 그 경지에 닿을 수 있을까 싶었다. 다만, 1,300여 년을 견뎌 낸 본존불 앞에서 우리 민족의 아픔을 함께 어루만지고 싶었다.

토함산 허리를 따라 난 흙길 위에는 바람에 밀려온 낙엽들이

길을 인도했다. 오랜만에 찾아온 손님을 반기는 강아지처럼 다정했다. 석굴암에 도착해 가장 먼저 떨어지는 감로수로 손을 씻었다. 손을 씻는다고 세속의 때가 사라지겠냐마는 부처님을 대하는 최소한의 예의였다.

돌계단을 올라 전각에 들어섰다. 과학과 예술이 만났다는 이 석굴 앞에서 나도 경이로움을 느껴보고 싶었다. 하지만 마음이 닫혔던 걸까, 감흥보다는 사람들에 떠밀려 밖으로 나와야 했다.

석굴암은 751년 김대성이 축조를 시작해 50세가 되어 완성했다. 지금의 모습은 본래의 원형과는 거리가 있다. 파괴의 원인은 불분명하지만, 경주 일대의 지진이 유력한 원인이라 한다. 1907년, 일제강점기 초입에 한 우체부가 석굴을 발견했다. 당시 전각은 무너지고, 본존불 주변은 흙과 이끼로 가득했다고 한다. 일제는 콘크리트로 복원했지만 문제가 많았고, 1963년 박정희 정권 때 지금의 형으로 다시 복원되었다.

현재의 목조건물은 본래와 다르다는 견해가 많다. 동해 일출이 부처님 얼굴을 비췄다는 설도, 문무대왕릉을 지켜봤다는 해석도 설득력이 떨어졌다. 지금의 석굴암은 유리 벽 너머에서 멀찌감치 바라볼 뿐이다. 20톤짜리 천장 덮개도, 열 명의 제자상도 온전히 볼 수 없다. '지고의 최미'를 느끼지 못한 아쉬움만 남았다.

김대성은 이 불상을 통해 신라의 번영을 기원했을 것이다. 하지만 예술적 이상은 현실의 굴곡을 막지 못했다. 고려의 귀순, 조선의 억불정책, 일제의 침탈 속에서 석굴암은 외면당했고, 민초들의 고단한 마음만이 부처 앞에 머물렀을 것이다. 본존불은 무너진 천장을 통해 스며든 바람과 습기를 묵묵히 견뎌냈다. 겹겹의 이끼는 세월을 견딘 인내의 주름살이었다. 일제 36년, 전쟁 3년도 그저 침묵으로 견뎠을 것이다. 그 깊은 상처에 내 작은 마음이라도 위로가 되기를 바랐다.

돌계단 한쪽에는 원 석재 하나가 남겨져 있었다. 어디에 쓰였는지 몰라 일제가 버려둔 것이라 한다. 학자들은 광창 부재였을 가능성을 말한다. 천 년 전 예술품의 일부였으나 돌아갈 자리를 잃은 채 방황하는 혼이 되어 있었다. 부처님만이 아실 그 석재의 고향은 여전히 침묵 속에 잠겨 있다. 그 앞에 한참을 서 있었다. 나는 그 위에 조심스럽게 손을 얹었다.

본존불을 다시 바라보았다. 숱한 침략과 전쟁, 고통을 견디고 여기까지 왔다. 이제는 부처님의 자비와 공덕으로 민족이 화해하고 화합하기를, 분단의 아픔을 딛고 당당한 나라로 우뚝 서기를 바랐다. 유리 벽 너머로 가려진 목조건물의 벽을 활짝 열고, 우리 민족의 저력을 세상에 알리고 싶었다. 이만큼 해냈노라고 말하고 싶었다.

산 아래를 내려다보았다. 미세먼지에 가려 동해는 보이지 않았다. 긴 숨을 몰아쉬고 다시 석굴암을 바라봤다. 가을 햇살을 받은 마지막 단풍이 조용히 빛나고 있었다.

비로소
보이는 것들

코로나 사태로 재택근무가 보편화하였다. 집 안에만 머무는 일상은 움직임을 더디게 하고, 그 틈을 타 게으름이 고개를 든다. 추위에 움츠러든 탓인지 몸은 운동하라는 재촉에도 귀찮다는 듯 반응하지 않는다. 이게 늙음의 시작인가? 문득 든 생각에 정신이 번쩍 들었다. 아직 젊은 내가 이렇게 나태해졌단 말인가.

지척의 팔거천으로 향했다. 팔공산에서 시작된 물줄기는 금호강까지 말끔히 정돈된 개천을 따라 유유히 흐른다. 냇가로 나온 수달이 물고기 한 마리를 입에 물고 있고, 백로는 가는 목을 길게 뻗어 멍하니 그 모습을 바라본다. 성찬을 빼앗긴 듯한 그 눈빛엔 아쉬움이 가득하다. 작은 개천 속에도 약육강식의 원리가 존재하겠지만, 인간의 눈에 비친 봄날의 팔거천은 그저 평화롭기만

하다.

하천 제방엔 유채꽃이 가득하다. 누가 씨를 뿌렸는지 모르지만 흐드러지게 피어났다. 틈새를 비집고 들어선 보랏빛 야생화는 얌체처럼 자리 잡았다. 그 교묘함이 밉기보다는 오히려 아름답다. 덩굴장미의 꽃망울이 오월을 기다리며 조심스레 봉오리를 말고 있다. 정열을 품은 그 모습이 성 바실리 대성당의 돔을 닮은 듯하다.

복수초가 가장 먼저 봄을 알린다. 얼음을 뚫고 방긋 웃는 얼굴은 대지에 온기를 전한다. 개나리의 노란 가지가 도심을 물들이면, 곧이어 벚꽃이 거리를 물결치게 한다. 봄의 축제는 이렇게 시작되어 4월의 중심에서 절정을 맞는다. 떠난 개나리와 벚꽃의 자리를 이어 연분홍 철쭉이 도도하게 피고, 이팝나무는 하얀 꽃눈을 뜨고 만개를 기다린다.

어깨를 넘긴 머리, 분홍 롱스커트를 입은 젊은 여인이 경쾌한 걸음으로 지나간다. 그녀의 찰랑대는 치맛자락 안에는 싱그러운 봄의 기운이 담겨 있다. 맞은편에는 노인과 애완견이 함께 걷는다. 누가 누구를 데리고 나왔는지 모를 정도로 노인의 걸음은 더디다. 수심 가득한 얼굴, 눌러쓴 흰 모자, 검은 운동복. 나이 들수록 밝은색을 입으라는 말이 문득 떠오른다. 남은 생을 손꼽지 말고, 이 봄날을 마음껏 누렸으면 좋겠다.

서너 살쯤의 여자아이가 엄마 손을 잡고 꽃구경을 나왔다. 노란 옷에 두 갈래 땋은 머리, 빨간 리본이 앙증맞다. 엄마의 사랑이 온전히 스며 있다. 가는잎조팝나무 앞에서 엄마 팔을 끌어당기며 꽃냄새를 맡게 한다. 이 아이는 참 영특하다. 세월이 덧입히는 껍질을 지나면 훗날 곱고 야무진 아가씨로 자라나리라.

며칠 전, 집 정리를 하다 오래된 수납장에서 빛바랜 일기장 십여 권을 꺼냈다. 스물다섯 청년의 낙서부터 지천명 중년의 푸념까지 삶의 흔적이 고스란히 담겨 있었다. 떠난 연정에 가슴앓이했던 흔적, 불안한 밥벌이에 지쳐 휘청이던 고뇌들, 가진 것 없으면서도 양보하지 않으려는 발버둥이 백지 위에 선명했다.

만물이 잠에서 깨어나고 생명을 틔우는 봄은 어쩌면 가장 아픈 계절인지도 모른다. 흔들림 없는 꽃이 없듯, 나도 삶의 바람 속을 견뎌왔다. 세상이 정한 기준 앞에서 자주 넘어졌고, 다시 일어났지만, 어느새 체력은 바닥나 있었다.

이팝나무꽃은 내년에도 피지만, 한 번 놓치면 다시는 돌아오지 않는다. 시간은 냉정하다. 지나온 날들을 허무로 채운 건 욕심 탓이었다. 내 것이 아닌 것을 욕심내다 정작 내 안의 것을 잃고 살았다. 병마에 닿고 나서야 비움의 이치를 깨달았으니 참 늦었다.

남의 것이 아닌, 내 것을 보니 그제야 보인다. 화사한 봄꽃, 남실대는 잎새, 햇살 속에 피어나는 향내와 온기.

갓 돋아난 연둣빛 잎들이 수줍게 웃는다. 그 사이를 비집은 봄 햇살이 인도 블록 위에 앉았다. 길섶 철쭉은 완숙한 자태로 바람에 살랑이며 분홍의 사랑을 속삭인다. 햇살을 머금은 연둣빛 철쭉이 이렇게 곱다니.

아직 끝나지
않았기에

희망은 가장 큰 위로자였다.

형체도 없고 손에 잡히지도 않지만, 어느 날엔 나를 일으켜 세우고, 어느 날엔 나를 붙들어주는 조용한 힘, 희망이란 그런 것이었다.

아직 오지 않은 계절, 피지 않은 꽃봉오리, 열리지 않은 문을 향해 조심스레 다가서는 마음, 그것은 보장되지 않은 미래 앞에 내미는 조용한 손짓이자 사람이 가질 수 있는 가장 순한 욕망이다.

희망은 충만한 자리에는 깃들지 않는다. 모든 것이 채워진 순간, 우리는 더 이상 바랄 필요를 느끼지 못한다.

희망은 결핍 속에서 자란다. 텅 빈 식탁에 앉아 막막한 새벽을 맞이할 때, 어디에도 닿지 않는 절망과 마주할 때, 그 어둠 속에서 불씨처럼 피어오른다.

그래서일까. 빛을 꿈꾸는 것은 어둠을 아는 자들이고, 질서를 바라는 것은 혼란을 견뎌본 자들이다. 희망은 결핍의 그림자이면서 동시에 결핍을 견디게 하는 유일한 온기다.

많은 이들이 희망을 '기다림'으로 오해한다. 하지만 희망은 기다림이 아니다. 그것은 결단이고 행동이며 움직임이다.

잠든 가족을 뒤로하고 비어 있는 통장을 채우기 위해 현관문을 나서는 가장의 발걸음, 절망의 그림자 아래에서도 떨리는 다리를 딛고 한 발을 내딛는 용기, 아직은 보이지 않지만, 어딘가 있을 거라 믿으며 내딛는 걸음, 그 행위와 그 믿음이 바로 희망이다.

희망은 언젠가 도착할 미래의 약속이 아니다. 희망은 오늘의 선택이며, 지금, 이 순간의 실천이다. 그렇다면 희망을 어디서 피어나는가? 그것은 크고 찬란한 모습으로 오지 않는다. 때로는 너무 작고 소박해서, 우리 곁을 스쳐 지나가기도 한다.

누군가의 무심한 안부 인사 속에, 말없이 건네는 따뜻한 찻잔 속에, 밤새 들려오는 아이의 숨결 속에, 희망은 그렇게 조용히, 조심스럽게 존재한다.

희망은 소리 없이 곁에 머무는 감정이고, 매일 아침 이불을 걷고 창을 여는 힘이다.

"다시 한번 해보자."

희망은 그 한마디 속에 담긴 용기이자, 아직 끝나지 않았다는 믿음이다.

희망은 작아 보일 수 있어도, 쉽게 꺾이지 않는다. 그것은 인간이 가진 마지막 감각이며, 가장 근원적인 힘이다.

희망은 우리를 견디게 한다. 고통 속에서도 의미를 찾게 하고, 지루한 반복 속에서도 새로운 가능성을 꿈꾸게 한다. 파괴를 예감하면서도 사랑하게 하고, 이별을 알면서도 기대하게 한다.

우리는 이미 알고 있다. 희망 없이 살 수는 있어도, 희망 없이 '살아있다'라고 말하긴 어렵다는 걸.

그래서 희망은 삶의 가장 낮은 곳에서, 가장 연약한 모습으로 피어난다. 그것은 현실을 외면하는 눈가림이 아니다. 오히려 정면으로 마주한 현실 앞에서도 무너지지 않겠다는 가장 고요한 결심이다. 그 결심이 우리 삶을 단단하게 붙잡는 버팀목이 된다. 삶이 뜻대로 되지 않을 때, 매번 실망하고 무너지고 다시 일어나는 그 반복 속에서도 우리가 매듭을 짓지 않는 이유는 하나다. 아직 끝나지 않았기 때문이다. 아직 끝나지 않았기에 우리는 여전히 희망할 수 있다. 지금, 이 순간에도 삶은 '희망하는 중'일 수 있다.

며칠 전, 만난 한 문장이 마음을 깊이 흔들었다.

"희망이 보이지 않는다"라고 말하는 싱담자에게, '희밍을 파는 사람들'이라는 시민단체의 채환 대표가 말했다.

"희망은 보이는 게 아니다. 내가 살아가는 존재 자체가 희망이다."

그 말에 문득 멈춰 섰다.

희망은 먼 데 있지 않았다.

지금 여기에 이렇게 살아있는 나 자신 안에 있었다.

그리고 나는 그 희망을 아직 놓지 않았다.

초운당草雲堂
단상

가을걷이를 마친 들판이 겨울 맞을 준비를 마쳤다. 황금물결 넘실대며 알곡을 자랑하던 당당함이 언제였던가 싶다. 바람에 흔들리는 볏짚만이 애달프고 쓸쓸하다.

그녀를 처음 알게 된 것은 지난 9월, 볏짚이 바람에 흔들리던 가을이었다. 수필문예대학 글동무로 처음 만났을 때는 코로나로 마스크를 착용해서 얼굴을 정확히 볼 수는 없었다. 신녕에서 대구까지 밤늦은 시간을 마다하지 않는 글공부에 대한 그의 열의가 놀라웠다.

한편으로 바쁜 농사일로 수필 공부를 할 수 있을까 하는 약간의 의구심도 있었다. 아니나 다를까 가을걷이로 수업에 결석하는 일이 잦아지면서 글공부를 힘들어하고 있었다. 수필이 손 가는 대로 쓰는 것이라고는 해도 기본적인 형식과 격식이 있고, 문학적인 감각이 필요하다는 생각에서 잘할 수 있을까 하는 것이 그녀에 대한 첫인상이었다. 거듭되는 만남으로 친분이 깊어지고, 그녀의 농막으로 문우들이 초대받은 그 시간까지 그녀에 대한 염려는 지워지지 않았다.

초운당은 신녕의 넓은 들판 한가운데에 자리 잡고 있었다. 멀리서 보면 창고 같은 농가이지만, 초은당이라는 명패가 당당하게 걸려있는 인향人香 가득한 보금자리였다. 풀과 함께 노는 여인이 구름과 이야기하는 곳이라 초은당이라 했다고 하니 집주인의 성품이 예사롭지 않다.

늦게 온 발걸음을 정겹게 맞아주는 주인의 환대가 고향집 부모 같아 마음부터 놓아버렸다. 먼저 온 문우들이 차려놓은 음식 앞에 군침 삼킬 틈도 없이 주저앉았다. 오랜 벗이 고향에서 만난들 이보다 더 편안하고 정겨울까 싶었다.

맛있는 음식은 순식간에 위장을 가득 채웠고, 배가 부르자 눈이 뜨이고 고개가 젖혀졌다. 벽면 가득 걸린 시에는 그녀의 삶이 안개처럼 배어 있었다. 그녀가 썼다는 시는 소나무 껍질처럼 투박하고 거칠어 보여도 껍질 속 송기처럼 맑고 깨끗한 순수함이 가득 차 있었다. 토속적인 언어는 송진처럼 배어 나와 읽는 이의 마음을 끈덕지게 사로잡는다.

잊자 다 잊고

씩씩하게 살자
남은 이도 떠난 이도
모두 편하게
당신도 마음에 무거운 짐
다 내려놓으시고
미련 없이 미련 없이
훨훨 가시옵소서

지아비를 먼저 떠나보낸 애증과 어린 시절의 고단한 삶이 한 편의 시에 담아 구름에 띄워 보내고 있었다.

초운당은 단순한 농가가 아니었다. 삶의 기쁨과 행복을 가득 담고 있는 그녀만의 요새였다. 칠십여 년의 인생 고개를 넘어오면서, 꿋꿋이 이겨낸 수많은 고통과 시련들이, 단단한 뿌리가 되어 싱그러운 잎과 아름다운 꽃을 피워내고 있었다. 그녀의 시집 《바람난 강냉이》는 그것을 말해 주고 있었다.

오른손에 열채, 왼손에 둥굴채를 잡고 장구 앞에 앉은 그녀.

'뚜당 뚜당 땅다당'

"칠십 세에 저승에서 날 잡으러 오거든 수필대학 입학해서 못 간다고 전해라. 팔십 세에 저승에서 날 잡으러 오거든 문학상 못 받아서 못 간다고 전해라."

즉석에서 개사한 노랫가락에 위트와 해학이 묻어나니, 그녀의 지혜에 모두가 감탄하여 흥겹다. 앉아 있는 엉덩이가 들썩이더니 이내 상체와 팔이 리듬을 탄다.

오랜만에 잡아보는 마이크는 낯설면서도 반가웠다. 코로나 팬데믹 이후 2년 만에 마주하는 노래방 화면 앞에서 모두가 가수이고 열광적인 관객이었다. 초운당은 완벽한 노래방 시설을 갖추고 있었다. 그녀의 노래 솜씨가 예사롭지 않다. 삶의 애환이 진하게 배인 가락은 마음 깊숙이 울림을 전했다. 전해오는 마이크를 거부하지 않고 받았다. 트로트 메들리에 목청껏 감정을 실으니, 답답했던 마음이 후련하게 씻겨 나갔다.

바닷가 양지바른 언덕에 선 노송은 기품을 가졌지만, 거친 파도의 상처는 알지 못한다. 폭풍과 한설을 이겨내고 거친 파도의 부딪침을 온전히 받아낸다. 뿌리가 드러나도 생명의 끈을 놓지 않은 바위 위에 몸을 낮춘 키 작은 소나무. 바로 그녀였다. 그 의연함과 꿋꿋함에 경이로운 존경을 보낸다.

어느새 서산마루에 노을이 물들고 초운당 앞 들판에 어스름이 밀려든다. 구름이 떠나고 달빛이 내려오면 초운당의 밤 풍경은 또 다른 멋스러움에 젖어들 것이다. 서둘러 떠날 채비를 해야 한다.

그녀가 갑자기 바빠지기 시작했다. 비닐하우스에서 곱게 자란 상추를 추려내더니 여러 봉지에 담아낸다. 마치 딸을 보내는 여느 집 친정어머니 마음 같다. 이별은 언제나 그리움의 그림자를 남긴다. 혼자 두고 내딛는 내 걸음이 무겁다

즐거웠던 시간에 고마움을 전하며 그녀를 꼭 안아본다. 작은

체구에서 전해지는 진한 온정에 한참을 그대로 있었다. 오래전에 하늘로 떠난 누님의 향취가 물씬 느껴져 떨리는 인사말을 꺼내 보지 못하고 마음속에 가두었다.

걸모습만으로 속단했던 내 좁은 시선이 부끄러웠고, 그 너른 속내는 오래도록 내 마음을 울렸다. 자양분이 되어 더 성숙한 나를 발견하기를 희망하며 신발 끈을 맨다.

참고 살기 잘했어
네 남매 제 몫 잘하지
남은 인생
자식들이 달아 준 날개로
건강하게 즐겁게 멋지게 살아야지.

그녀가 읊조린 노래처럼 남은 인생 멋지게 살다가 백 세에 찐한 연애 꼭 한번 이루기를 마음 모아 기원하며 석양에 손짓하고 초운당을 나섰다.

고요를 닮은
청암사

성주호를 굽이돌아 무흘구곡의 품에 드니 상큼한 바람이 코끝을 스친다. 청초한 여인의 향내인가? 만산홍엽의 절경이 차의 속도를 느리게 한다.

청암사의 인연은 이끼 폭포 때문이다. 태고의 신비를 간직한 이끼 폭포는 물기 어린 소년처럼 순하고, 수줍은 처녀의 뺨처럼 붉게 물든다.

초면은 지난여름에 했었다. 가뭄이 기승을 부릴 때라 초췌한 모습에 아쉬움이 많았다. 헤어지면서 추경은 놓치지 않으리라 다짐하고 일주일 전에 찾았다. 그때는 아직 푸른색을 놓지 않았다.

주차장에 차를 세우고 계곡을 따라 걸으면 '불령산 청암사' 일주문을 만난다. 단아한 일주문을 지나면 아름드리 치솟은 소나무와 굴참나무가 숲을 이룬다. 멀리 새소리 들려오고 발아래 나 뭇잎이 사각사각 속삭인다. 녹색 옷을 벗어낸 나뭇잎이 땅으로 내려오고 쌓이는 낙엽은 세월의 무상함을 말한다.

사찰의 경건함에 앞서 숲속 청량함에 가쁜 숨을 내려놓는다. 나무 의자에 드러누워 하늘을 본다. 곧게 뻗은 나무들 사이로 청 명한 하늘빛이 쏟아져 내린다. 긴 숨 한 번 토해낸다. 가슴이 열리 고 시야가 길어진다.

11월 초, 단풍에 물든 이끼 폭포를 담기 위해 다시 찾았다. 겨우 일주일 전만 해도 푸르름을 머금고 있던 나뭇잎들이 갑작스런 한파에 말라가고 있다. 또 내년을 기다려야 한다니 허망함이 밀 려온다.

떨어지는 폭포수가 애달파 말라 한다. 진득하게 기다리면 기회 가 오니 마음 편히 있으라 한다. 아쉬움을 달래며 대웅전으로 걸 음을 옮긴다.

늦가을 옷을 입은 산사의 몸놀림이 숨차다. 십일월 초, 가을 정 취가 가득 내린 청암사가 닫힌 문을 활짝 열고 만물을 보듬는다. 땅으로 내려온 낙엽과 가지에 머문 단풍이 석탑과 조화를 이룬 다. 화려하지 않은 아름다움이 사찰의 고즈넉함을 감싸고 있다. 고요한 산사에선, 소란한 내면이 스스로 고개를 숙인다. 붓다의 세계를 이해할 순 없지만, 어떻게 살아야 할지는 느낌으로 알 수 있을 것 같다.

입신양명, 무병장수, 자손의 번영을 비는 기복신앙의 한계에 머물러 있지만, 대웅전 앞 석탑에서 마음에 평온을 얻는다. 참선 수행의 기쁨이 이런 것인가 싶다. 인간 사랑을 설파하는 신성의 가르침은 종교의 범주를 무색하게 함에도 신앙적 가치로 갈등하고 번민하는 내 모습이 부끄럽게 다가온다.

승가대학 앞마당에 자목련이 있다. 자주색 꽃망울을 상상하니 여인의 우아함을 넘어 여승의 숭고함을 느껴진다. 땅속 깊이 내려간 든든한 뿌리는 내적 갈등에 흔들리지 않으려는 비구니의 고독한 다짐 같아 마음이 숙연해진다.

부처님의 가르침을 수행하고 있는 대방 채 툇마루 끝에 앙증맞은 숫자들이 나란히 적혀 있다. 정진하는 스님들의 신발 자리다. 가지런히 놓인 신발 하나하나에 마음을 다잡는 스님들의 정성과 절제가 스며 있다.

행복은 마음속에 있는 고통과 번뇌가 없어지는 것이라 했다. 사바세계를 벗어난 스님들은 행복을 찾았을까? 질펀한 삶의 현장에서 일희일비 흔들리던 속세의 바람을 잠재우고 평정심을 찾았을까?

눈으로 보이는 것을 내려놓기는 쉬워도 마음에 보이는 것을 내려놓기까지 엄청난 고통이 따른다 했다. 그 어렵고 힘든 고행길을 부침 없이 정진하고 있을까? 세파에 휘청이는 나약한 중생은 대방 채 툇마루 앞에서 생각에 잠긴다.

다시 폭포로 내려왔다. 청암을 덮고 있는 겹겹의 낙엽이 겨울을 준비했으니 설빙의 한파인들 두렵지 않겠다. 가지를 벗어난 나뭇잎 하나 허공을 맴돌다 폭포 아래 앉는다. 이끼 입은 바위가 협곡을 이루고 살결 같은 곡선 아래로 부드럽게 흐르는 물줄기에 마음을 빼앗긴다.

넓적한 바위에 자리를 틀고 앉았다. 눈을 감고 단전에 손을 겹친다. 가슴을 치고 드는 물소리에 온전히 몸을 맡긴다.

인위적 손길을 거부한 자연의 순결함이 바람을 타고 부드럽게 일렁인다. 얼마나 지났을까. 명치에 놀던 가쁜 숨이 단전으로 내려와 가는 숨을 쉬고 있다. 말갛게 흐르는 물소리가 말 없이 다독이는 듯했다. 덕지덕지 붙은 마음의 때가 조금씩 씻겨 나간다. 비워진 공간에 감사의 기억이 송골송골 맺힌다. 따뜻해진 기운을 느끼며 눈을 떴다. 물 위에 내려온 하늘빛이 유난히 푸르고 청명하다.

"덜어낸 자리는 그대로 두어라. 울적한 마음이 쉬어갈 수 있게 쉼터로 두어라. 세상살이 모진 바람 날아가게 두어라."

개울에 내려앉은 나뭇잎 아래로 졸졸거리는 물의 속삭임이 가슴속으로 스며든다.

4부

길 위에서 삶을 묻다

내 안의 가치를 소홀히 했던 무지가 부끄럽다. 남의 것을 탐하기 전에 내 것부터 다듬어야 한다는 생의 이치를 뒤늦게 알았다. 중요한 것은 삶의 여유다. 쉬엄쉬엄 가는 거다. 느리게 가면 더 많은 것을 더 자세히 본다는 지혜를 적지 않은 대가를 치르고서야 알았다. 이제는 말끔히 정돈된 포장길보다는 울퉁불퉁한 비포장길에 마음이 끌린다.

〈느리게 가는 비포장길〉에서

그 겨울,
꼭두방재

엉덩이를 들썩이며 페달을 밟는 열여섯 막내의 심장은 거친 숨결로 뜨겁게 뛰고 있었다. 입김이 하얗게 새나올 정도의 칼바람도 그의 열기를 식히지 못했다. 그렇지만 마음 한구석은 싸늘하게 식어 가고 있었다.

한 해가 저무는 12월이 끝자락에 있을 때였다. 턱없이 치솟은 고춧값 덕분에 큰형은 그간의 영농 빚을 청산하고 내년 영농자금까지 마련할 수 있었다. 봄이 오면 빚내고, 가을이 되면 빚 갚던 머슴 같은 삶의 무게를 드디어 벗어던졌다. 큰형 부부는 어느 해보다도 따뜻한 겨울을 보내고 있었다.

그러던 어느 날, 해가 기울고 집집의 굴뚝에 연기가 오를 때쯤이었다. 마을 스피커에서 큰형을 불렀다. 전화를 받고 집으로 돌아온 큰형의 낯빛은 창백했고, 행동은 우왕좌왕했다. 매사에 침착하고 철두철미한 큰형의 안절부절못하는 모습은 모두를 불안하게 했다. 구미에서 직장에 다니는 셋째 형이 대구 동산병원 응급실에 있는데 위독하다는 전화였다. 몇 달 전 교통사고로 심하게 다쳤지만, 퇴원해서 회복되고 있는 줄 알았는데… 날벼락이 떨어진 것이다. 다음 날 아침 큰형과 형수는 꼭두방재를 넘어 서둘러 대구로 나갔다.

불안 속에서 새해를 맞이했다. 혼자 가축을 돌보며 집을 지키고 있던 정월 초이틀이었다. 큰형이 대구로 나가고 사흘이 지난 저녁에 마을 스피커에서 나를 찾았다. 기다리고 있던 전화라 허겁지겁 뛰어갔다. 큰형은 울먹이는 목소리로 말을 제대로 하지 못했다.

"셋째가 죽었다. 내일 아침 '입암'으로 가서 누나에게 알려라."

전화는 끊어졌다. 나는 아무것도 생각할 수 없었다. 황급히 집으로 와서 이웃집 친구를 불렀다.

누나는 내가 네 살 때 꼭두방재 넘어, 30리길 작은 마을 '입암'으로 시집갔다. 시집간 뒤 3에서 5년이 지나면서 아버지와 어머니가 세상을 떠났다. 4남 1녀의 장녀는 이후로 친정 걱정에 하루도 마음 편할 날이 없었다.

꼭두방재 북쪽 굽이를 오르는 정월 초사흘 새벽, 귀마개와 구멍 난 벙어리장갑, 낡은 돕바를 입은 소년의 얼굴은 혼이 빠진 사람처럼 창백했다. 이제 한 굽이만 올라가면 고갯마루다.

꼭두방재 고갯마루에 닿았다. 이제부터 줄곧 내리막길이다. 삐걱거리며 흔들리는 자전거는 비포장 굽이를 거침없이 돌아갔다. 한겨울 칼바람도 자전거 속도를 붙잡지는 못했다. 순식간에 '방홍' 동네에 도착했다. 냇물을 건너 산굽이를 돌아가면 누나 집이다. 징검다리 건너던 냇물도 꽁꽁 얼어붙어 그냥 건널 수 있었다.

숨을 헐떡이며 마당에 도착했다. 이른 아침에 느닷없이 찾아온 막내를 보고 누나는 소스라치게 놀랐다. 누나와 얼굴을 마주한 나는 마루에 발도 들이지 못한 채 주저앉아 끝내 울음을 삼키지 못했다. 자꾸만 눈물이 났다. 누나는 친정에 감당 못 할 일이 발생했다는 것을 직감했다. 자형이 나를 차분히 진정시키고 무슨 일이냐고 물었다.

"은수 형이 죽었심다."

울먹이는 내 말을 재차 확인한 누나는 통곡했다. 평온하던 하늘에 벼락이 떨어진 듯 모두가 얼어붙었다. 누나와 자형은 서둘러 대구로 출발하고 나는 아침을 삼키듯 하고 돌아섰다.

돌아오는 길은 멀고도 험난했다. 빠져나간 기운은 채워지지 않았다. 자전거도 힘들었는지 두 번이나 체인을 벗겨냈다. 다리에 힘이 풀어지니 거침없이 내려가던 꼭두방재 산굽이는 아득하기만 했다. 남은 힘을 다해 겨우 잿마루에 올랐다. 양지바른 곳에 작은 바위가 있어 몸을 뉘었다. 하늘은 너무도 푸르고 평온했다. 형을 잃은 이 세상이 이렇게도 무심할 수 있다니. 눈이라도 펑펑 내렸으면 좋으련만. 나도 모르게 잠이 들었다.

사흘 후, 큰형 내외는 형을 하늘로 보내고 집으로 돌아왔다. 내 손을 잡고 훌쩍이는 큰형의 손에는 온기가 없었다. 스물다섯에 가장이 되어 맨땅에 씨앗을 뿌리며 버티어 온 서른둘의 남자는 인생에 절망을 맛보고 있었다. 눈을 감는 순간까지 맏이를 찾던 어머니의 한 맺음을 조금이나 덜어드리려 노력했다. 그렇게 버티어 낸 7년의 세월이 물거품이 되었다며 막내 손을 잡고 목 놓아 운다.

막내만은 대학에 보내겠다는 일념으로 군대에 가지 않는 방위 산업체를 선택한 형이었다. 공부만이 가난의 고통에서 벗어날 수 있다고 밤낮없이 강조하던 형이었다. 큰형은 이런 셋째에게 많은 것을 의지했다. 남의 집 머슴 같은 빈농을 이어가면서도 셋째를 대도시 고등학교에 보냈다. 그 동생이 취업하고 막내를 책임지겠다고 했으니 얼마나 든든했을까.

무심한 세월은 어느새 40년하고도 6년을 더 흘러왔다. 형은 그 후로 내 앞에 자주 나타났다. 처음엔 꿈이었지만, 자주 볼수록 점점 더 선명해졌다. 어느 순간부터 그것이 현실이라 믿게 되었다. 아침이 되어 그마저 꿈이란 것을 알 때까지 나는 행복했다.

흙먼지 날리던 꼭두방재는 2차선 포장도로 넓어졌다. 잠자리를 내주던 바위는 휴게소에 밀려났다. 이제는 휴게소마저 폐업하고 산 아래에 터널 공사가 한창이다. 매년 고향 나들이에 넘나들던 꼭두방재 고갯마루도 이제 얼마 남지 않았다. 내 삶의 상흔을 간직한 채 조용히 잠들려 한다.

야호댁
막내아들

올 초봄에 청송에 다녀왔다. 큰형 내외와 함께 부모님 산소를 찾아보고 싶었다. 한 시간 남짓 걸리는 거리라 쉬지 않고 달렸다. 마을 어귀에 이르러 길가에 차를 세웠다. 가방에서 카메라를 꺼내 벼랑 위 우거진 숲을 겨누며 셔터를 눌렀다. 키 큰 소나무와 하얀 자작나무가 성큼 다가왔다.

갑자기 차를 멈추고 사진을 찍는 나를 보며 두 사람의 얼굴에 의아한 눈길을 보냈다.

"덤밭이 저렇게 무성해졌네요. 그 시절이 떠올라서요."

이내 두 사람의 시선도 산자락을 향했다. 고단한 시간을 기억하는 형과 달리 형수는 말없이 바라보았다. 아마 마음 한편이 젖어 들었던 모양이다. 덤밭은 우리 가족의 눈물과 땀이 고스란히 배어 있는 땅이다.

50년의 세월이 무심하게 흘렀다. 5남매 막내였던 나는 부모님이 일찍 돌아가시는 바람에 여덟 살 늦봄부터 형수 손에 맡겨졌다. 스무 살 터울의 누나는 출가했고, 갓 스무 살에 시집온 형수는 우리 집의 안주인이 되었다. 어린 시동생 셋에 바닥 드러난 뒤주와 그을린 부엌이 전부였다. 피죽을 겨우 면한 가난한 집안의 맏며느리 자리는 고된 짐 그 자체였다. 벼랑 위 화전인 덤밭은 그때부터 우리와 연을 맺었다.

형수는 새벽마다 먼저 일어나 무쇠솥에 깜둥 보리밥을 안치고, 뒤란에서 들깻잎을 따 김치와 버무리곤 했다. 바닥에 무릎을 꿇고 조밥을 한술씩 떠 그릇에 나누어 줄 때 그 손길에서 묘한 따뜻함을 느끼곤 했다. 형수는 어머니 역할을 대신하고 있었다. 그녀의 새로운 방식은 집안에 활기를 불어넣었다. 고무줄 바지 차림으로 밭고랑을 오가며 쉼 없이 움직였다. 쉴 틈 없이 이어지는 매일의 고단함에도 짜증 내지 않았다.

덤밭에는 감자와 콩을 심었다. 감자는 식량에 버금했고, 콩은 작은 형과 나의 육성회비 원천이었다. 봄이면 밭을 일구고 씨를 뿌렸다. 한여름 뙤약볕을 등에 지고 콩밭을 매던 소년의 몸놀림은 버거웠다. 흐르는 땀을 훔치다 보면 얼굴은 금세 흙먼지로 뒤덮였다. 형은 묵묵히 앉아서 호미질했지만, 나는 일어서기를 반복했다. 콩밭 고랑에 드러누워 하늘을 바라보는 일이 잦았다. 그때마다 형의 호통이 날아들었다. 그래도 몸은 움직이지 않았다.

어쩌면 그 무력함마저도 어린 나에게는 유일하게 지킬 수 있는 자존심이었는지도 모른다.

밭을 매다가도 멀리 신작로를 오르내리는 시골 버스를 멍하니 바라보는 게 습관이 되었다. 초점 잃은 시선은 늘 도회지를 향했다. 흙먼지 꼬리를 달고 뒤뚱거리는 버스를 보면서 운전석에 앉아 있는 내 모습을 상상하곤 했다. 현실에서 도망치고 싶은 소년의 갈망이었다. 그때의 내 꿈은 버스 운전사였다. 지금 생각해 보면 너무도 순박한, 그러나 간절했던 꿈이었다.

학창 시절은 단순했다. 학교 수업을 빼먹고 개울가에서 딴짓한 적도 있었지만 대체로 얌전했다. 방패막이 될 부모가 없었기에 어디서도 미움을 사지 않으려 애썼다. 방과 후엔 소죽을 끓이거나 밭에 나가야 했고, 밀린 숙제로 선생님의 매를 손바닥에 받곤 했다. 중학생이 되어서는 지게와 자전거가 생겼다. 지게가 내 것이라는 사실만으로 기뻤다.

지게는 곧 분신이 되었다. 덤밭에서 감자를 담고 비탈진 언덕을 내려오는 일도 제법 해냈다. 겨울이면 땔감을 구하러 산을 오르내렸다. 덕분에 단단해진 장딴지는 훗날 강철 같은 맷집이 되었다. 산을 개간한 덤밭은 끝없이 돌을 토해냈고 바지게로 돌을 옮겼다. 지게는 계절 없이 일했다. 봄엔 거름, 여름엔 소먹이, 가을엔 추수, 겨울엔 땔감을 실었다.

고등학교에 진학하면서 덤밭에서 벗어났다. 시골에서 희망을 찾지 못한 큰형은 가족을 이끌고 고향을 떠났다. 정부 소유였던 산비탈 밭은 손길이 끊기자 이내 잡초로 덮였다. 지금의 솔과 자작은 그 무렵 뿌리를 내렸으리라. 어쩌다 그 땅에 자리 잡았는지는 모르지만, 나의 땀을 양분 삼아 자라난 나무들이 울창한 숲을 이루었다.

문득 묻고 싶었다.

"그 땅에 스민 야호댁 막내의 땀 맛을 아느냐?"

산천은 그대론데 인적은 드물다. 장성한 후 고향 찾아 인사를 한다.

"누고? 잘 모르겠데이."

"야호댁 막내아들입니더."

"아이고, 니가 이만큼 컸나."

손잡아 주던 앞집 아주머니의 정겨움은 찾을 길 없다. 어느 집 잔칫날 살뜰하게 챙겨 주던 이웃집 아주머니도 혼령길을 떠났다.

"그만 가자."

형의 말 한마디가 적막을 깨웠다.

형수의 손은 여전히 따스했지만, 주름진 손등에는 굴곡진 세월이 선명하다. 촉촉한 눈동자에 지난 세월의 고단함이 스며 있었다. 잔병을 온몸에 달고도 당당히 살아온 모습은 개선장군 못지않지만, 뿌리칠 길 없는 세월 앞에 그저 먹먹한 가슴만 붙든다.

형수는 아무 말도 하지 않았다. 눈빛이 모든 것을 말해 주었다.

"그때 당신이 없었다면 나는 어찌 살았을까?"

입 밖으로 꺼내지도 못한 그 말을, 그녀의 손이 조용히 대신했다. 어린 시절 나를 잡아 주던 손은 여전히 따뜻했다.

차가 다시 출발할 때 덤밭 위로 바람 한 줄기 지나갔다. 나뭇가지 흔들림 사이로 옛 시절이 스며들 듯 흩어졌다.

귀향

달빛에 이끌려 해안을 따라 안으로 걸었다. 밀려오는 바닷물의 끝은 아직 눈에 닿지 않았지만, 마음은 이미 조급했다. 만조까지는 아직 세 시간이 남아 있었건만.

조리개를 설정하고 구도를 잡은 뒤, 물의 압력에도 흔들리지 않도록 삼각대를 단단히 고정했다. 이제 물이 배의 밑바닥을 잠식할 때까지 기다리면 된다.

좌우로 움직이는 낙지 배의 불빛이 정적을 깨울 뿐 고요함이 감도는 깊은 밤이다. 별이 반짝이는 하늘을 보고 있으니, 소꿉친구가 생각난다. 가끔 전화해서는 "너 괜찮나?" 하며 짧은 안부를 물어보는 심성 깊은 친구다.

친구야!

나는 오늘 서해안 어느 구석진 바다에서 밤을 깨우고 있네. 어둠이 내린 바다의 적막은 사람의 마음을 압도한다네. 풀벌레 소리와 사뿐히 다가오는 파도라도 없으면 심장이 멈춰버릴 것 같네. 예술적 작품을 얻으려고 폐선 앞에 삼각대를 세웠지만, 정작 얻는 건 혼탁한 마음을 맑게 씻는 일일세.

오늘 촬영의 주제는 '귀향'으로 정했네. 텅 빈 배 안에 돌과 펄만 담겼으나 마음으로 보이는 심안에는 그것만이 아닐세. 폐선이 되어 이곳에 정박하기까지 파란만장했던 일생의 사연은 아직도 선체를 떠나지 못하고 있다네.

어느 집 가장의 전 재산이었을 목선은 거친 파도를 헤치는 것에도, 어두운 밤을 헤집는 것에도 두려움이 없었을 것이야. 그것은 가족을 위한 가장의 책무였고 자식을 둔 아버지의 무게였지. 그의 땀과 고뇌의 흔적은 아직도 배의 조각 틈마다 끈질기게 남아 있네. 내 눈에는 그렇게 보인다네.

나는 오늘 밤 가장의 번민을 위로하고 아버지의 고귀한 희생에 찬사를 보내며, 번뇌하는 영혼이 고향의 품에서 평안하게 머물기를 소망하는 귀향선을 띄우려 하네. 더하여 이 밤에 친구를 깨운 것은 자네가 예전부터 바라던 일을 실행하고자 하네.

지난날, 술을 마셔도 함께 취하지 못하고 정신 말짱한 나에게 말했지.

"사람이 술을 마시면 취해야 한다. 그래야 사람이다. 실수하지 않으려고 긴장을 풀지 않는 네 안의 그 아이를 어머니 품으로 돌려보내라."

술자리 때마다 자네가 다그쳤지. 그때마다 정곡을 찌르는 소 꿉친구의 충고를 받아들이지 못한 것은 그 아이가 품고 있는 외로움과 서러움이 애처롭기 때문이었네. 너무 일찍 어머니 품을 잃어버린 아이가 아니던가. 자네도 알다시피 모성의 온기를 모른 채 세상과 거리 두며 낯선 걸음을 걸어온 아이였네.

어느 때부터 소심해진 아이의 작은 심장은 젖어 있었네. 숨어 우는 아이를 달래는 방법은 일기라는 작은 방에서 얼굴 마주하며 쓰다듬고 다독이는 것이 전부였었네. 넓은 세상과 단절된 아이는 늘 우울했고 좁은 공간에서 성장을 멈추었는지 어릴 적 기억에서 벗어나지 못했네.

열등감에 지배된 자아는 겸손으로 포장되어 누구를 만나도, 먼저 말을 걸지 않았고 어떤 일에도 앞서지 않았어. 그 아이가 수필을 만나 달라지기 시작했네. 느지막이 만난 글쓰기는 특별한 힘을 가지고 있었다네. 힘든 시간을 견디어낸 아이의 아픈 상처를 보듬어 주는가 하면, 서럽게 차가워진 마음에 따뜻한 위로를 얹어 주었네. 이후 아이는 부끄러움도 모른 채 자신을 주저 없이 드러내었네. 그러면서 습하게 젖어 있던 아이의 내면은 훈풍을 맞아 서서히 마르고 있었네.

친구야!

나는 오늘 밤, 건강해진 그 아이를 고향으로 보내려 하네. 어머니 품에서 못다 한 모성애를 마음껏 누리기를 바라며 결심했네.

그런 다음 마음속에 남아 있는 기억의 땅, 개울 건너 벼랑 위 척박한 땅, 감자와 콩을 심었던 척박한 덤밭에 사과나무를 심으려 하네. 흙먼지 날리는 메마른 땅이지만 물 주고 거름 넣으면 한 삼 년에 보름달 같은 둥근 과실을 품지 않겠나. 황금사과 주렁주렁 달아낼 우량 목은 아니어서 언감생심, 이웃과 나눠 먹을 정도의 넉넉한 결실은 바라지 않네.

훗날 주름이 굵어지고 손등에 검버섯 늘어갈 때쯤에는 이웃을 돌아볼 여유도 있겠지. 그날에 주안상 앞에서 잘 익은 곡주로 진하게 한잔하며 웃어보세나. 흐느적거리는 내 모습 낯설다고 책망하지는 마시게.

밀려온 파도가 배 밑에 닿았다. 동시에 카메라도 동작을 시작했다. 귀향선이 항해를 시작한 것이다. 더 늦기 전에 보내야 했다. 용기가 없어 붙잡고 있었던 것이 부끄럽고 미안하다. 한 시간 후 작품의 성공과 실패가 판가름 나겠지만, 내 안의 어린 영혼이 귀향선을 탔다는 의미는 실로 크다.

고향 하늘에도 비칠 북두칠성이 유난히 밝다.

느리게 가는
비포장길

장마권에 들었다지만 대구의 무더위는 꺾일 줄 모른다. 위쪽 지방에 내리는 비 탓인지 아침나절 시원한 바람이 일더니 정오 무렵, 하늘은 다시 한낮의 열기를 내뿜는다.

오랜만에 자전거 복장이다. 엉덩이에 두꺼운 스펀지가 덧대어진 라이딩 바지는 언제나 민망하다. 하지만 젊은 날의 날렵함이 느껴져 민망함보다 뿌듯함이 앞선다. 안전모를 쓰고 선글라스와 위머로 얼굴을 가리니 영락없는 30대 청년이다. 허물어진 속 근육에도 불구하고, 겉으로는 다시 국토 종주라도 할 수 있을 듯한 활력이 감돈다.

팔달교 아래 금호강 자전거도로다. 동촌유원지로 방향을 잡았다. 서변대교를 지나 고속도로 다리 아래까지 쉼 없이 달렸다.

마주치는 라이더와 눈인사도 없이 앞만 보고 달려왔다. 잠깐 쉬었다가 다시 출발이다. 이제부터 본길을 포기하고 우회 길로 들어섰다. 본길은 양방향이 명확한 매끈한 시멘트 포장길이다. 편하고 안전하지만 따분하고 지겹다. 게다가 재미도 없어 피로감도 더해진다. 반면에 우회 길은 좁고 울퉁불퉁한 비포장 흙길이다. 바퀴와 부딪히는 마사토 소리가 귀를 즐겁게 하거니와 느리게 가는 속도에서 마음에 여유를 찾는다.

주변은 온통 황금색이다. 여름 햇볕은 품은 금계국이 들판을 점령했다. 자전거에서 내렸다. 양쪽으로 늘어선 황금빛의 행렬들, 그 사이를 걸어가는 나는 축제에 참여한 배우라도 된 듯한 착각에 빠진다.

등 뒤가 한결 시원하다. 한낮을 달구던 햇살이 구름을 핑계로 휴식에 들었다. 금계국을 배경으로 자전거와 추억을 남긴다. 노란 바탕에 파란색 의상과 빨간색 자전거라. 나쁘지 않다. 제법 어울리는 채색이다. 가족 단톡방에 올렸더니 아이들의 응원이 폭발적이다.

자전거와 비포장길은 상반된 특성이 있다. 자전거는 방향을 잡고 달려가는 앞바퀴와 그를 믿고 있는 힘을 다하는 뒷바퀴의 맹목적 순종이 있어 앞으로 나아간다. 앞바퀴 역시 철석같이 믿고 따르는 뒷바퀴를 배반하지 않고 정확히 방향을 잡는다. 서로 간에 조금의 의심도 없다. 같은 호흡으로 쉼과 나아감을 함께 한다.

반면에 비포장길은 느리게 가야 한다. 급하게 달려가면 돌부리에 걸려 넘어지기 쉽다. 앞서가는 사람에게 맹목적으로 따라갈 필요가 없다. 흙먼지 날리며 지나는 차가 있으면 먼지가 사라질 때까지 가만히 서 있어도 뭐라는 사람이 없다. 길을 걷다가 화가 나면 돌부리를 걷어차는 여유도 있다.

　정도를 벗어난 외도는 낯설어 불안하지만, 그 낯섦 속에 신선한 기쁨이 숨어 있다. 초등학교 저학년 무렵, 시골 학교는 강을 건너 고개를 넘어야 도착할 수 있었다. 어느 날, 고갯마루에 도착했을 때 이미 지각이 확실했다.

　선생님에게 혼날 걱정에 앞이 캄캄한데, 누군가 '중간학교 가자'라고 속삭였다. 얼떨결에 따라간 곳은 개울가였다. 물놀이에 모래성 쌓기, 감자 구워 먹고 도시락을 나눴다. 실습 위주의 수업(?)은 시간 가는 줄 몰랐다. 학교가 끝나고 돌아가는 아이들의 모습이 멀리 보일 때까지 우리는 야외수업을 계속했다. 긴장과 짜릿함으로 가득했던 그 하루는 지금도 생생하다. 모범생이라면 경험할 수 없는 기억, 그 하루가 후에 내 삶의 갈증을 적셔 주는 샘물이 되었다.

　느림이 주는 깊이를 나는 사진에서도 경험한 적이 있다. 사진 동호회의 회원일 때가 있었다. 일반적인 스냅 사진이 1/125 초의 셔터 속도로 찍힌다면 장노출 사진은 30분에서 길게는 한 시간 동안 셔터가 열려있다. 서해의 버려진 폐선을 피사체로 느리게 들어오는 물의 흐름을 사진으로 담아낸다. 결과물은 가히 환상

적이다.

카메라를 고정하고 셔터를 누르면, 이후 한 시간은 상념의 시간이다. 새벽빛을 머금고 느리게 밀려오는 해수를 바라보면, 마음의 혼탁이 가라앉는다. 자욱한 안개 속의 고요함은 상처 난 마음을 어루만진다. 생각의 깊이에 빠져 실낱같은 호흡을 하고 있으면 보이지 않던 내 모습이 희미하게 나타난다.

우리네 인생은 어떤가? 나아가려는 마음과 멈추려는 마음이 늘 부딪힌다. 내면의 갈등이다. 지금이라 말하면 아직이다 버틴다. 두 마음이 합의되지 않으면 출발조차 못 한다. 그러다 목표가 결정되고 방향이 정해지면 무지막지할 정도로 앞만 보고 달린다. 주변을 돌아볼 여유가 없다. 경쟁의 정글에 양보는 없다.

어느 순간 헐떡이는 숨을 멈추고 뒤돌아본다. 그 자리에서 크게 벗어나지 못한 것에 실망한다. 도중에 놓치고 온 것에 후회도 해보지만, 이것이 인생인 것을. 위로하며 또다시 레이스에 뛰어든다. 조바심이 여유의 숨통을 누르고 있다는 사실조차 모른 채.

지난 세월, 앞만 보고 달려온 우직한 시간이었다. 장대한 목표와 거창한 꿈이 있어서가 아니다. 삶의 끄나풀을 놓치지 않으려는 절박한 투혼이었다. 내가 정한 방향과 방법이 옳다고 생각했기에 따라오기만을 강요했다. 미치지 못함을 보듬기보다 원망하고 다그쳤다. 함께 하는 사람의 의향을 유심히 바라보지 않았다. 결국 자전거의 두 바퀴는 흔들리기 시작하더니 방향을 잃고 쓰러졌다.

부서져 널브러진 잔해를 수습하는 과정은 혹독했다. 있는 힘을 다해 혹한의 추위를 이겨냈다. 몇 고비를 돌아 고갯마루에 다다르니 상처 난 육신이 함께 왔다. 긴 숨을 토해내며 휴식을 취했다. 그제야 보이든 않든 삶의 가치가 보이기 시작했다.

내 것은 보지 않고 남의 것만 보며 가쁜 숨을 헐떡였다. 쉼 없이 달렸으나 남의 것에 버금가는 결과물은 취하지도 못했다. 물불 가리지 않고 무지막지 달려야 했었나? 때늦은 후회다. 노년의 길목에서 내 것의 소중함이 어렴풋이 보인다.

내 안의 가치를 소홀히 했던 무지가 부끄럽다. 남의 것을 탐하기 전에 내 것부터 다듬어야 한다는 생의 이치를 뒤늦게 알았다. 중요한 것은 삶의 여유다. 쉬엄쉬엄 가는 거다. 느리게 가면 더 많은 것을 더 자세히 본다는 지혜를 적지 않은 대가를 치르고서야 알았다. 이제는 말끔히 정돈된 포장길보다는 울퉁불퉁한 비포장길에 마음이 끌린다. 돌부리 걷어차며 천천히 걷고 싶다. 삶의 끝이 얼마나 남았는지 알 수 없으나 순리에 기대어 나를 더 바라보며 느릿느릿 가련다.

팔작지붕에 앉은
파랑새

　지난해 6월에 초여름 열기에 봄이 물러가고 있을 때 오랜만에 고향 동무를 만났다. 시골 본가에 모친이 계시는 그는 달마다 한 두 번은 고향에 간다. 반면에 부모님 산소만 남겨놓은 나는 해마다 두 번 정도 고향을 찾는다. 그것도 산소만 다녀올 뿐이었다.

　고향을 떠났던 때가 학창 시절이었다. 그때만 해도 눈물겹게 그립던 고향도 나이가 들수록 조금씩 멀어져 갔다. 자연히 고향 소식을 친구에게서 듣게 되었다. 누구 집 어른이 세상을 떠났다거나 어느 집이 빈집이 되었다는 정도가 일반적이었는데 이번은 너무 뜻밖이었다.

　사방이 산으로 둘러싸인 산촌에 40여 가구가 살았다. 초등학교 4학년쯤 전기가 들어왔을 때는 천지가 개벽한 것 같았다. 칠흑 같던 어둠이 걷히고 전기가 생기니 새로운 권세가 생겨났다. 농사철에 소를 빌려주고 영농자금을 융통해 주던 부잣집 권세와는 비교할 수 없는 신문물의 세도였다.

도시에 나가 성공한 내 친구 삼촌은 흑백텔레비전 하나로 친구 집 아이들을 우쭐하게 했다. 그에게 밉보이면 김일의 레슬링도 유재두의 복싱도 나시찬의 전우도 볼 수 없었다.

매번 지붕에 올라가 바람에 틀어진 안테나를 이리저리 돌리는 수고를 마다하지 않았다. 텔레비전이 있는 방에 입장할 수 있는 특혜를 얻기 위해서다. 밤마다 친구 집 마당을 서성거리며 방문 앞을 기웃거렸다. 그럴 때마다 늦게까지 있으면 안 된다고 하며 방문을 열어주던 사람은 친구 어머니였다.

대다수 농지가 천수답이던 산간 벽촌은 반백 년의 세월을 지나오면서 지형과 삶의 방식을 바꿔 놓았다. 흙먼지 날리던 신작로는 아스팔트로 포장되고 고추와 담배뿐이든 들판은 사과나무로 탈바꿈되었다.

소박하게 살아가던 40여 가구 살림은 20여 가구에 미치지 못하고 10가구의 빈집이 흉물처럼 남아 있다, 가옥이 있던 자리가 묵정밭이 된 곳도 더러 있다.

풍성한 인정으로 반갑게 맞아 주던 이웃집 아주머니도 세상을 달리했다. 온기 넘치던 골목에 찬바람에 돌고 어둠이 내리면 마을은 적막에 든다. 사람 귀한 농촌의 쓸쓸함이 우리 동네만의 일은 아니겠지만, 그간 친구가 전해 준 고향은 유달리 쓸쓸했다.

인적이 줄어들고 활력을 잃어가던 마을에 짜장면집이 생겼다는 소식은 충격이었다. 그것도 선비의 기품을 목숨처럼 생각하는 우리 마을 팔작지붕 한옥을 차지했단다. 이동 수단이 발달하고 삶의 질이 높아지면서 맛집 투어가 유행이라고 하더라도 우리 마을엔 어울리지 않는 풍경이었다.

얼마나 맛있길래? 그 자신감은 어디서 나오는지 궁금증이 솟구쳤다. 그러면서도 번성을 기원했다. 침체하던 마을에 활력을 불어넣는 파랑새이기를 소망했다, 유별나게 텃세가 심했던 동네가 아닌가. 가진 것도 별다르게 없으면서 어찌나 몽니를 부렸던지 귀촌에 실패하고 돌아간 사람이 여럿이라 들었다.

사람 귀한 동네에 사람이 들어오면 반기고 축하할 일이건만 보듬어 품어 안을 가슴이 얼마나 가냘프면 여태껏 외지인 정착이 하나도 없단 말인가.

한 달 전, 2월 마지막 주말에 고향에 다녀왔다. 부모님 산소에 제초제를 뿌리는 것이 목적이나 짜장면집도 빼놓을 수 없는 일정이었다. 맏형과 형수, 둘째 형도 함께했다. 짜장면집 소식에 궁금증이 폭발한 사람들이라 망설임 없이 동행했다.

서둘러 일을 마무리하고 마을로 들어갔다. 나고 자란 우리 집은 흔적조차 없다. 형제는 쉽게 자리를 뜨지 못한다. 얼핏 보니 맏형의 눈가에 눈물이 고였다. 사립문이 있던 그곳에 한참을 서 있었다. 황갈색 잡초를 헤집고 바람이 일어나 낯선 방문객을 밀쳐냈다. 옛 주인을 몰라보는 그간의 세월이 한스러워 자리를 떴다.

골목을 오른쪽으로 돌아 팔작지붕 한옥에 다다르니 마당에는 서너 대의 승용차가 있었다. 한적하던 골목에 낯선 차가 드나들고 고적하던 기와집이 사람들로 북적이니 마을이 다시 활기를 찾은 것 같았다.

대청마루 큰 창에는 '산서성'이라는 새 이름을 달았다. 산촌의 새벽을 깨워 활력을 이루고자 이렇게 지었나 싶어 고마운 마음이 들었다. 그런데 왠지 낯설다. 기풍 있던 한옥이 옛 멋을 잃었다. 미끈하게 뻗은 유선형 서까래와 육중한 지붕을 받치는 둥근 기둥의 빛깔 나던 광채는 어디론가 사라졌다.

현대식 건축자재로 테라스를 만들고 벽면을 보수했다. 정면으로만 보면 한옥의 고풍은 어디에도 없다. 안으로 드니 내부는 옛 모습 그대로다. 대청을 중심으로 ㄷ자로 전면 좌우에 4개의 방이 있는 구조다.

실내화가 있으나 마루를 맨발로 올랐다. 어릴 적 감촉을 느끼고 싶었다. 발바닥으로 전해지는 대청마루의 차가움이 정겹다. 마루 틈새로 떨어진 오십 년 전 동전이 나를 부르는 것 같다. 엎드려 볼이라도 내보고 싶은 충동이다.

방마다 손님이 있어 우리는 대청마루 식탁에 앉았다. 점심을 마치고 틈이 있어 주인 내외와 마주 앉았다. 우리는 이 집의 내력을, 주인은 이 집에 들어온 사연을 이야기했다.

정착하지 못하고 돌아가면 어쩌나 걱정했는데 다행히 입에 착

붙는 음식에 사람도 수더분하여 친근감이 넘친다. 더구나 집 앞 농지를 사들여 틈틈이 오가며 농사지은 지 9년이 되었다고 하니 이미 정착했음이다.

농사철이 되면 온 들판에 "짜장면이 왔어요"라고 하는 소리가 끊이지 않기를 비나리하고 특별히 내준 보이차를 마신 뒤 자리에서 일어섰다. 마당까지 따라와 "고향집이라 생각하고 편하게 오세요"라며 배웅하는 부부의 후덕한 얼굴을 보니 파랑새 한 쌍이 팔작지붕에 안착한 것 같아 마음이 놓인다.

차는 골목을 벗어나 큰길로 나왔다. 삽상한 바람이 낯설지 않다. 찬바람이 잦아드는 하늘이 유난히 맑고 푸르다.

산사의
아침

사진을 취미로 시작하고부터 어둠을 헤집고 다니는 일이 잦아졌다. 오늘도 새벽바람을 타고 일출을 맞으러 간다. 목적지는 합천 야로 대교다.

새벽 5시 어둠이 짙게 깔린 현장에는 벌써 10여 명의 사진사가 초점을 맞추고 여명을 기다리고 있다. 좁은 틈을 파고들어 겨우 삼각대를 세우고 아침을 기다린다.

어둠이 걷히고 히늘이 붉게 물들기 시작하면 땅으로부터 올라오는 아침 안개가 야로 대교를 감싸안는다. 이 순간 사진가는 가슴으로 저며 오는 평온함으로 아침을 맞는다.

"찰카닥~차잘타닥~차잘차잘카닥."

아침 해가 산 위에 오르면 삼각대를 거두고 돌아선다.

이제 겨우 6시 30분이다. 마음을 가라앉히기 위해 가까운 해인사로 산사의 아침을 맞으러 간다. 아침 안개가 내려앉은 가야산 로는 외로이 달리는 낯선 자동차의 소음을 반가이 맞는다. 왼쪽으로 따라오는 맑은 물소리는 가야산 소리길 길잡이다. 이제 막 추석을 지낸 가야산은 길가의 벚나무잎에 가을 색을 입히기 시작한다. 열린 창문은 거침없이 넘나든 산바람은 벌써 한기를 품었다.

'가야산 해인사' 일주문이다. 해인사답게 당간지주가 기풍 있게 서 있다. 규모 있는 사찰이나 서원에 가면 당간지주가 있지만 하나 같이 깃발이 걸려 있지 않다. 옛날처럼 깃발을 걸어 두면 그 기풍과 멋이 훨씬 더 하지 않을까 하는 아쉬움이 늘 있다. 경건한 마음을 가다듬고 계단을 오른다. 산새 소리조차 들리지 않은 정적이 흐른다.

일주문을 지나면 하늘 끝까지 뻗어있는 아름드리나무들이 최고의 고찰을 찾아온 나그네를 호위하듯 양옆으로 도열해 있고, 천 년을 넘어선 고사목에는 수많은 사람의 소원을 담은 동전들이 빼곡히 붙어 있다. '해인총림'이란 글씨는 보는 순간 해인사의 위용에 압도되는 느낌이 들었다. '해탈문' 문턱을 넘어 양쪽의 4대 천왕께 깊은 절을 하고 나니 마음이 평온해진다. 특이하게 해탈문 안에 모셔진 4대 천왕은 목각이 아니고 벽화여서 생소하다.

해탈문을 지나면 정면에 '구광루' 왼쪽에 ' 종각' 오른쪽에 '보경당'이 넓은 마당을 가운데 두고 떡하니 자리 잡고 있다. 역시 절간의 마당은 흙 마당이 제격이다. 발아래 밟히는 굵은 모래의 부드러운 촉감이 마음마저 편안하게 한다. 마치 고향집 마당과 같다. 싸리비로 비질하고 빗살무늬 흔적에 첫 발자국을 남기면 우리 집 똥개도 따라 했던 고향집 마당이 그리워진다.

구광루 오른쪽 높은 계단 위에 '해인사 호국 도장' 글씨는 보는 순간 "여기가 팔만대장경이 있는 해인사였지" 하는 소리와 함께 숨 가쁘게 오른다. 드디어 해인사의 중심이다. '대적광전'이다. 여느 절집의 대웅전과는 비교도 안 되는 정면 다섯 칸 측면 4칸의 거대한 규모다. 마당에는 '정중삼층석탑'이 단아하게 자리 잡았고 엄청난 크기의 현대식 당간지주가 당당하게 서 있다.

첫 번째로 마중 나온 것은 바람결에 흔들리는 풍경소리다. 은은히 들려오는 풍경소리는 방문객의 마음을 가라앉히는데 찰나의 시간이면 충분했다. 삼층석탑 앞에서 걸음을 멈추었다. 나도 모르게 두 손을 합장하고 눈을 감는다. 바람도 숨을 멎는다. 절집의 바람에는 성분이 있다. 번뇌의 바람, 감사의 바람, 성찰의 바람. 그래서 그런지 절집의 풍경소리를 들으면 우리네 인생을 돌아보게 한다. 마음을 다잡고 눈을 떴다. 삼층석탑 모서리 층층이 걸려 있는 열두 개의 작은 풍경이 내 눈에 들어왔다.

잘생긴 용 두 마리의 호위를 받으며 대적광전에 오른다. 나는 가톨릭 신자지만, 문 앞에서 부처님께 두 손 모아 삼배의 예를 다한다. 대적광전 오른쪽 선열당은 '관계자 외 출입 금지' 팻말이 서 있다. 그런데도 문을 열어 놓았으니, 절집의 인정이 느껴진다. 열려 있는 문안에 작은 석탑이 있다. 기와를 쌓은 흙담과 마당의 석탑이 잘 어울려 발길을 들일 뻔했다.

대적광전을 돌아가면 팔만대장경을 보관하고 있는 '장경판전'이다. 해인사의 중심은 대적광전이지만 해인사의 보물은 팔만대장경이다. 장경판전이 해인사 절집에서 가장 뒤쪽에 자리 잡고 있다. 일주문 - 봉황문 - 해탈문 - 구광루 - 대적광전 - 장경판전으로 이어지고 일주문을 들어서고 다섯 번의 계단 층을 올라야 대장경을 만날 수 있다.

이른 아침이라 장경판전은 아직 열리지 않았다. 대적광전에 올라 아래를 보니 가야산의 넉넉함이 해인사를 품었다. 세속 풍파에 지친 육신 영혼을 보듬어 안은 절집은 웅장한 규모보다 단아한 정서가 가슴에 닿는다. 처마 끝에 달린 풍경이 푸른빛의 아침 하늘 안에서 가늘게 춤을 춘다. 카메라를 들었다.

어떤 바람이 불어 풍경이 소리를 내는 걸까? 마음속 깊이 움트는 감사함으로 합장한다. 누구인들 이 순간의 고요함에 자신을 돌아보지 않을까. 누군들 내면의 평온을 더듬으며 눈을 감지 않을 수 있을까. 은은히 흐르는 산사의 풍경소리에 내 작은 육신을 기댄다.

흙길 위에서
되살아나는 순수함

맨발 걷기가 붐을 이루고 있다. 집 가까운 명봉산에 오르면 황톳길을 걷는 사람들이 줄을 잇는다. 산길이 완만하고 폭이 넓은데다, 이슬 머금은 황톳길은 발바닥을 부드럽게 감싼다. 키 큰 소나무와 참나무로 우거진 숲길은 청량한 공기를 머금고 있어 코끝이 시릴 만큼 상쾌하다. 여기서는 자연스레 숨을 깊게 쉬게 한다. 드리워진 그늘이 황톳길을 촉촉하게 유지하니, 지면과의 접지가 중요한 맨발 걷기에 이보다 더 좋은 장소는 없을 것 같다.

의사나 교수들도 맨발 걷기의 전도사로 나서고 있다. 방송 〈생로병사의 비밀〉에서 집중적으로 보도한 후 대중적 관심이 급증했고, 지역마다 맨발 걷기 학교가 생겨 마니아를 양성하고 있다. 어느 학교장은 40년 전부터 이 운동을 시작했다고 한다. 그만큼이 운동의 본질은 단순한 건강을 넘은 자연과의 교감이다.

건강보다 더 중요한 건 그 속에서 느낀 순수함이었다. 어린 시절의 등굣길이야말로 진짜 '맨발 걷기'의 시간이었다. 초등학교까지는 약 2킬로의 비포장 자갈길이었다. 개울을 건너고 고개도 넘어야 했다. 차는 다니지 않는 비포장길에서 아이들끼리의 질서는 분명했다. 새마을 운동이 한창이던 시절, 저학년 들은 거즈 손수건을 달고 마을 앞에 모였다. 6학년 형이 깃발을 들고 앞장서면 〈새마을 노래〉, 〈잘살아보세〉, 〈팔도강산〉이나 교가를 부르며 대열을 맞춰 학교에 갔다.

"어떤 사람이 되고 싶냐"라는 선생님의 질문엔 '착한 사람', '군인' 같은 순박한 답이 오갔다. 고학년이 되면서 단체 등교는 사라졌지만, 친구들과 무리 지어 걷는 길은 여전했다. 눈비가 많이 오는 날은 학교에 가지 않아도 되었고, 그게 가장 즐거운 날이 될 정도로 공부에는 관심이 없었다. 겨울 등굣길엔 나뭇가지를 주워 불을 피우고 몸을 녹이기도 했다. 때론 나이론 바지가 눌어붙고, 주변 산소를 태워 꾸중을 듣기도 했다.

고무신 날리기는 등굣길의 재미였다. 학교는 고개를 넘어야 보였다. 시계가 없던 당시의 아이들은 고개를 넘기 전 검정 고무신을 하늘로 높이 차올렸다. 땅에 떨어진 고무신이 엎어지면 지각이고 바로 서면 아직은 지각이 아니었다. 지금 생각하면 어이없는 논리지만, 그때는 우리만의 암묵적 규칙이었다.

무리에는 언제나 개구쟁이 리더가 있었다. 공부에 관심 없는 리

더는 우리를 학교가 아닌 개울로 이끌었다. 책보를 던져두고 고구마, 감자, 콩을 구해와서 물에서 잡은 피라미와 함께 구워 먹었다. 자연은 학교이자 놀이터였다.

지금 내가 사는 아파트 단지는 중고등 학교를 가까이 끼고 있어, 학생들의 등하교 모습을 자주 목격한다. 요새 아이들은 달랐다. 함께 걸으면서도 대화보다는 스마트폰을 보거나 귀에 이어폰을 꽂은 채 무심히 걷는다. 좋은 운동화를 신은 아이도 있고 슬리퍼를 끌며 가는 아이도 있다. 모두가 그런 건 아니지만 다수의 아이는 관심사가 게임과 노래인 듯하다.

이제는 시골이라고 다르지 않다. 노란 버스가 마을마다 다니며 아이들을 학교로 태워 간다. 도시만큼 학원이 활성화되어 있진 않지만, 그렇다고 없는 건 아니다. 움직임이 적고, 패스트푸드를 즐기며, 콘크리트 위에서 게임에 열중하는 아이들. 그들은 스트레스와 수족냉증에 시달리고 있다. "어떤 사람이 되고 싶냐"라는 물음에 "유튜버"라고 답하는 아이들이다. 어른들이 아이들에게 성공의 척도를 물질로 국한했기 때문이 아닐까.

문명의 혜택이 더뎠던 1970년대, 시골은 자연 그 자체가 교실이었다. 나는 중학생이 되어 6킬로 떨어진 학교에 자전거를 타고 다녔다. 여름이면 한두 시간 밭일을 돕고 학교에 갔다. 고추밭에서 일하다가 학교 가는 여학생들과 엇갈리던 그 시간. 허겁지겁 밥을 먹고 자전거 페달을 밟으면, 학교 입구에서 겨우 따라잡았다. 하굣길에는 친구들과 물놀이, 사과 서리, 수박 서리로 하루를 마무리했다.

　청송의 겨울은 유난히 빨랐다. 상강을 앞둔 지금쯤이면 문풍지로 차가운 바람이 들어왔다. 솜이불을 시렁에서 내리고, 아침에는 이불을 걷자마자 가마솥으로 달려갔다. 불쏘시개를 넣고 불을 지피며 소죽을 끓이는 일은 내 몫이었다. 따뜻함이 사치가 아니던 시절, 자연은 우리 삶의 일부였다.

　덧없는 세월은 나를 늙게 하더니 이제는 몸과 마음이 고향으로 돌아가고 싶어 한다. 자연을 벗 삼아 땅을 밟고 흙냄새에 취하는 사람들이 부럽다. 그 옛날 착한 사람이 되고 싶다던 순수함은 자연이 준 선물이었음을 이제야 깨닫는다.

　조금 더 건강해 보자는 마음에 나도 맨발 걷기에 동참했다. 흙과 접촉하니 몸과 마음이 다시 깨어나는 것 같다. 그 시절 자연 속에서 유영하던 소년은 문명에 길들어졌지만, 지금 다시 자연으로 향하고 있다. 그 길 위에 맨발로 서 있다.

　아이들은'흙'을 만날 기회를 잃어버렸다. 운동장은 우레탄과 인조 잔디로 덮였고, 흙과 교감할 공간은 사라졌다. 깔끔함과 편리함만을 추구한 어른들의 잘못이다. 그나마 환경운동가와 의사들은 흙 운동장을 되돌려 줘야 한다고 말하고 있어서 희망적이다. 자연의 풋풋함과 흙의 진득함을 경험하는 수업이 어느 때보다 절실하다. 흙과 함께 순수함 찾아가는 아이들의 행복한 얼굴이 보고 싶다.

식물로
태어나고 싶다

햇살이 거실 깊숙이 밀려드는 주말 아침이다. 아침 식사는 글 방 동무인 초운당 황 선생이 손수 끓인 추어탕으로 해결했다. 판 매용과는 비교할 수 없는 진한 감칠맛이 입안 가득 퍼진다.

이불 속에 파묻힌 큰아들이 한마디 툭 던진다.

"다음 생엔 식물로 태어나고 싶어."

귀찮다는 의미다. 매주 집에 들르는 아들은 아침 준비를 자신 의 몫이라 여긴다. 부시관으로 근무하며 매 끼니를 스스로 해결 해야 하는 고단함이 섞인 푸념이다. 식물은 가만히 있어도 햇살 과 빗물, 바람의 혜택을 받으니 편해 보인다는 것이다.

식물학자가 들으면 아마 고개를 절레절레 흔들 일이다.

"식물이 얼마나 치열하게 살아남으려 몸부림치는지 아느냐?"

라며 호통칠지도 모른다.

나 역시 가끔 그런 생각을 한다. 요즘 세상에 남자가 아침을 준비하는 게 자연스럽긴 하지만, 여간 번거로운 일이 아니다.

다음 생에 식물로 태어난다면 어떨까? 그러나 여기에도 고민은 따르게 마련이다. 나무, 꽃, 풀, 잡초 중 무엇으로 태어날지부터 결정해야 한다. 과실수처럼 보호받으며 살 것인지, 짓밟혀도 끈질긴 생명력을 지닌 잡초처럼 살 것인지, 사랑받는 꽃이 될지, 독을 품고 자신을 지키는 독초가 될지, 약초처럼 귀하게 쓰일지. 어느 하나도 쉽게 고르지 못할 것이다. 결국 인간의 끝없는 욕심은 원래의 삶으로 되돌아가게 되겠지만, 그래도 언젠가 꿈속에서 한 번쯤 식물의 생을 살아보고 싶다.

수천 년 전에도 인간은 똑같은 고민을 했을 것이다. 욕망의 간절함이 천상에 닿아 지상에 낸 것이 오늘날의 인간 모습이 아닐는지? 미를 갖고 싶다 하여 화려한 의복과 화장품 주었다. 이도 부족하다 하여 성형술을 주었다. 근본이 소중하다 하여 철학을 주었고, 끈질긴 생명력을 갈구하니 의술을 주었다. 그뿐이겠는가. 사랑받고 싶다 하여 나눔의 미덕을 주었고, 타인을 누르고 싶다 하여 경쟁을 주었다. 신은 인간의 욕구를 모두 들어 주었다. 경쟁을 준 것은 실수였음을 뒤늦게 알았지만, 신의 계시로 알아들은 인간은 무한의 경쟁 속에 헐떡이다가 지쳐서 쓰러지기 직전에 식물의 생을 살고 싶다고 하소연이다.

문득 인생을 어떻게 살아야 할지에 대한 다른 목소리도 떠올랐다. 얼마 전 백수를 넘긴 김형석 철학자의 강연을 유튜브로 보았다. 그는 인생을 세 단계로 나누었다. "0세부터 30세까지는 배움의 시기, 30세부터 60세까지는 직장인의 시기, 60세부터 90세까지는 사회인의 시기다"라고 했다. 그는 마지막 시기를, 공동체를 위해 가진 것을 나누고 베푸는 시기라 했다.

따라서 60세부터 사회인 공부를 게을리하지 말 것을 강조했다. 이제 막 사회인의 초입에 들어선 나는 고단한 인간의 삶을 피하고 싶어 식물을 떠올렸으니, 부끄러운 일이다. 하지만 돌아보면, 살아온 날들이 순탄치 않았기에 푸념 섞인 소망일지도 모른다.

며칠 전, 수필문예대학 왕선배인 윤○○ 선생의 수필집을 선물받았다. 팔순을 넘긴 연세에도 청바지를 즐기고, 누구에게나 겸손한 그를 늘 흠모해 왔지만, 글은 처음 접했다. 수필과 그림을 자유롭게 넘나드는 낭만에 더해 사회인으로서의 20년이 그의 문장에 고스란히 녹아 있었다. 비문학 전공자로 은퇴한 뒤에도 단어 하나, 문장 하나에 삶의 향기를 담아내는 내공이 깊다. 그의 삶을 보니, 식물처럼 고요하지만 단단한 생을 사는 법이 따로 있음을 깨닫게 된다.

그에 비해 사회인 초년생인 내가 쥐어짜는 졸문은 어쩐지 초라해 보인다. 성치 않은 몸과 성급한 마음이 불안을 부추기고, 아직 빈약한 내 삶의 지식이 초조함을 만든다. 그러니 한가롭게 식물의 안락함을 부러워했던 내가 스스로 부끄럽다.

역지사지, 식물의 처지에서 보면 그들의 삶도 평온치 않다. 햇볕, 바람, 수분이 공급된다지만 하나라도 부족하면 살아남기 어렵다. 뿌리째 뽑혀 햇볕에 마르는 고통도, 이슬 한 방울에 목마르는 절박함도, 늙었다고 잘려 불태워지는 사과나무의 운명도 얼마나 서글픈가. 그런 삶을 살아내는 식물의 의연함은 닮지도 못하면서 편안함만 갈구하는 나는 참 간사하다.

추어탕에 밥을 말아 김치와 달걀로 허기를 채우고 나니, 더 바랄 것 없는 아침이다. 커피 한 잔 타서 아들에게 건네며 미안한 마음도 함께 전한다. 집에 왔건만 먹거리를 걱정하게 했으니 아비 마음이 편치 않다. 그래도 말한다. 식물의 편안함보다, 삶을 버텨내는 절박함을 잊지 말라고. 젊음의 상처는 세월이 흐르면 중년의 나이테로 남아 단단하게 지탱해 줄 테니, 고단함을 두려워하지 말라고. 식물의 삶을 부러워하는 자식에게 그렇게 말하면서, 속으로는 고생하지 않기를 바라는 부모 마음이 참 요상하다.

사라진 골목,
남은 온기

지상 10m 위를 달리는 '3호선 열차'는 대구의 명물이다. 창밖으로 펼쳐지는 다양한 전경을 바라보는 것은 짧은 이동 시간 속에서 즐기는 또 다른 여행이 된다.

겨울이면 앞산에서 솟아오르는 해가 염색공단의 하얀 수증기와 어우러져 1970년대 산업 발전을 연상케 한다. 열차 아래로 펼쳐진 키 작은 집들이 옹기종기 모여 있다. 색이 바랜 빨래집게는 옥상 난간에 매달려 마치 이웃들과 정담이라도 나누는 듯 다정해 보인다. 신호에 맞춰 서고 달리는 자동차 행렬 속에서 도시의 분주한 숨소리가 들려온다.

열차는 만평 네거리를 지나 팔달시장역을 출발하면서 원대동 재개발 현장을 적나라하게 보여 준다. 정겨운 담벼락과 골목은 어느새 흔적도 없이 사라졌고, 그 자리에 짐을 가득 실은 덤프트럭이 분주히 오가고 있다. 허공을 감아 도는 크레인은 거대한 자재를 쉼 없이 들어 옮긴다.

얼마 전까지도 보이던 낮은 녹색 지붕은 어디론가 사라졌다. 삐걱거리는 철문을 열며 좁은 골목으로 쏟아져 나오던 아이들의 웃음소리가 그립다. 담장을 넘나들던 바람과 서로의 안부가 궁금하던 노인들의 골목 수다는 이제 먼 이야기가 되고 있다.

정든 골목을 벗어나 삶의 거처를 벗어난 그들은 깨끗하고 편리한 새 아파트로 돌아올 수는 있을까? 설사 돌아온다 해도, 그때의 이웃은 다시 만날 수 있을까? 보상을 받아도 여전히 부족함을 느끼는 사람들은 어떤 선택을 했을까? 정돈되어 가는 옛터전에 골목 애환이 힘없이 숨죽여 있다.

달리는 열차에서 사라진 지붕을 보니, 그 옛날 골목이 떠올랐다.

나는 유년 시절을 시골에서 보내고 1980년대 초반 처음 도시생활을 시작했다. 그때는 대부분 가정에서 연탄으로 겨울 난방을 했다. 추워지기 전, 연탄 수십 장이 집안 구석에 쌓이면 그렇게 든든할 수 없었다.

그 시절 좁은 골목을 오르는 손수레를 밀어주는 일은 아이들의 소중한 용돈벌이 수단이었다. 몇 푼의 동전으로는 연탄불 앞에서 달고나를 녹이며 단맛에 빠져 시간 가는 줄 몰랐다.

연탄이 아궁이를 데우고 구들장을 달구던 방식은 따뜻했지만,

위험하기도 했다. 틈이 생긴 방문이나 부엌문 사이로 스며든 가스에 목숨을 잃는 일도 드물지 않았다. 나도 그랬다.

어느 날 머리가 아프고 정신이 어지러워서 마당으로 뛰쳐나가 쓰러졌다. 정신 차리고 나서 형이 사 준 구멍가게의 사이다 맛은 아직도 기억난다. 차가운 유리병에서 터져 나오던 알싸한 탄산은 연탄가스 무서움과 메스꺼움을 말끔히 씻어 주었다.

골목을 가장 먼저 깨우는 건 청소부의 종소리였다.

"딸랑딸랑."

차가 다닐 수 없는 좁은 골목길, 풍경이 흔들리면 연탄재를 들고 집집이 대문이 열렸다. 앞집, 옆집, 뒷집 모두가 모여 골목은 활기차게 숨을 쉬기 시작했다. 청소차가 떠난 뒤 길바닥에 남겨진 연탄재 몇 장은 그제야 제 역할을 시작했다. 미끄러운 골목의 빙판을 위에서 골목 사람들의 안전을 지켜냈다.

대문 옆에 세워둔 빗자루가 신명 나게 춤을 추면 골목은 말끔해진다. 서로 돕는 손길 속에서 하루를 시작할 준비는 마무리된다. 골목은 거친 숨을 고른다. 곧 출근 시간, 또다시 분주해질 것을 대비하는 것이다.

잃음이 있어 얻음이 있음이 진리라면, 지금의 도시 풍경은 얻음을 좇은 결과다. 좁고 불편했던 골목을 벗어나 넓고 편리한 주거 환경을 얻는다. 그러나 얻음에 반하는 잃음이 있으니 그 속에는 이웃의 나눔이 없다. 골목을 오가던 정담은 비밀번호에 잠긴 철문 앞에서 방향을 잃었다.

문명의 발달은 '더 높이, 더 많이'를 외치며 우리 안의 욕망을 자극한다. 그래서일까. 채워도 채워지지 않고, 잠시 안심해도 곧 불안이 스며든다.

한 해의 끝이 코앞인데도 기억나는 얼음이 없다. 그것은 감사함을 모르는 내 욕심 때문은 아닐까. 멀어진 것의 소중함을 모른 채 무작정 살아왔는지도 모른다. 어렵고 힘들어도 부대끼며 나누던 인정, 그 소소한 온기가 그립다.

좌석에 앉은 사람들의 신발이 눈에 들어온다. 반짝이는 검은 구두, 녹색 끈이 포인트인 하얀 운동화, 무릎까지 올라온 가죽 부츠, 예쁜 리본의 단화, 흙먼지를 덮어쓴 근로자의 안전화까지 신발만큼은 제각기 자기 색을 품고 있다. 비슷한 마스크 아래 숨어 있는 얼굴들과는 달리, 발은 자신의 이야기를 솔직하게 하는 듯하다.

문이 열리고, 허리가 굽은 할머니가 수레를 끌고 들어온다. 학생이 조용히 일어나 자리를 비켜준다. 할머니는 말 없는 눈빛으로 감사를 전하고, 학생은 멋쩍은 얼굴로 창밖을 바라본다. 양보하고 배려하고 감사하는 모습.

도시는 여전히 숨을 쉬고, 사람들은 여전히 따뜻하다.

욕망의
그늘

한 조사에 따르면, 한국인은 삶에서 가장 중요한 가치로 '물질적 행복'을 꼽았다. 반면 서구 선진국이나 우리보다 못사는 나라 사람들은 '가족'이라고 답했다고 한다. 나는 그 질문을 받는다면 주저 없이 '가족'이라 답할 수 있을까. 잠시 망설이는 내 모습에서 이미 대답은 흐릿해진다.

내가 다니는 병원은 계산오거리에 있다. 12층에서 내려다보는 대구의 도심은 날마다 변모한다. 군데군데 빌딩이 두더지처럼 솟구쳐 오르고, 오래된 호텔은 사라지고 그 자리에 거대한 오피스텔이 들어선다. 아담한 한옥과 따뜻했던 골목은 흔적도 없이 지워지고, 고층 아파트가 그 자리를 차지한다. 중앙로를 중심으로 펼쳐진 콘크리트 숲은 사람들의 눈을 현혹하지만, 그 속에 감춰진 가난한 영혼들의 울음은 누구도 듣지 않는다. 도심의 정취는 재개발이라는 이름으로 쓸려 가고 신암동, 평리동, 달성공원 일대에는 거대한 크레인이 천지개벽을 멈추지 않는다.

물론 인간에게 의식주는 절대적이다. 불과 반세기 전만 해도 먹고 사는 문제가 최대 과제였고, "우리도 잘살아보자"라는 열망은 모두의 구호였다. 그 열정은 오늘의 풍요를 만들어냈다. 좋은 환경에서 편히 살고 싶다는 욕망은 인간 본성의 범주이니 탓하기 어렵다. 하지만 손에 쥘 수 없는 것을 움켜쥐려 버티는 것은 욕망이 아닌 욕심이다. 그리고 그 욕심은 '가족'보다 앞서 우리 마음의 자리를 차지해 버렸다.

자본주의 사회는 사람을 돈의 머슴으로 만들었다. '내 집 마련'이라는 욕망은 삶의 최종 목표처럼 신화화되었고, 그 과정에서 우리는 알게 모르게 가족을 희생시켰다. 빚을 감당하지 못해 은행의 노예가 되고, 집을 위해 주말 가족으로 살아가고, 결국은 사랑하는 이들과 단란하게 보낼 시간을 돈벌이에 저당 잡힌다. 더 넓은 평수, 더 번듯한 주소가 가족의 행복보다 우선이 된 것이다.

나 또한 두 얼굴의 욕망을 품고 살아왔다. 땀 흘려 성취하려는 열정의 욕망과, 지름길을 원하고 더 많이 가지려는 욕심의 욕망. 1980년대 초, 염색공장에서 주야 2교대 12시간 노동을 할 때는 열정의 욕망이 나를 지탱했다. 몸은 고달팠지만 '잘살아보겠다'라는 희망이 있었다. 그러나 결혼과 함께 부모가 되고, 조금씩 더 나은 삶을 바라면서부터 욕망은 서서히 욕심으로 바뀌었다. 더 많은 것, 더 좋은 것을 위해 내린 무리한 결정은 가족에게 깊은 상처를 남겼고, 그 흉터는 지금도 아물지 못한다.

욕망은 결국 욕심의 덫을 벗어나려 한다. 뒤늦게 깨닫는다. 아무리 번듯한 집과 재산을 가져도, 가족의 아픔과 부재 앞에서는 허망하다는 것을. 그래서 나는 다시 고향을 그리워한다. 단칸방에서 온 식구가 몸을 비비며 살던 시절, 가난했지만 함께 웃던 사람 냄새, 여름이면 발가벗고 멱 감던 개울물의 맑음. 그때는 가진 것이 없어도 가족이 곁에 있다는 사실 하나만으로도 아주 행복했다.

지금도 한국 사회는 여전히 '물질'을 가족보다 먼저 꼽는다. 그러나 언젠가는 욕심의 그늘을 걷어내야 한다. 지치고 힘들 때 돌아가 쉬어갈 수 있는 곳, 마지막까지 나를 지켜줄 사람은 결국 가족이다. 욕망이 도시의 욕심을 털어내고 고향으로 돌아오듯, 나 역시 욕망의 순수함을 찾아 길을 걸을 것이다. 그 길 위에서 주저 없이 말할 것이다.

"가장 소중한 건, 가족이었다."

5부

세상과 나와 사람들

자본주의는 우리에게 풍요를 안겼으나 빈부격차와 개인주의의 그
림자를 남겼다. 그 속에서 '벌초'라는 전통도 흔들리고 있다. 그러나
인간의 가슴을 따뜻하게 하는 것은 자본이 아니라 감성이다. 효심
과 정성으로 지켜온 의례는 단순한 형식이 아니다. 그것은 삶과 죽
음을 이어주는 다리이자 세대를 잇는 끈이다.

〈지켜야 할 가치〉에서

이제는
몸이 하자는 대로

아침에 일어나는데 몸이 찌뿌둥하다. 폭이 1m도 안 되는 좁은 침대는 양쪽에 철제 보호대가 있어 누워 있으면 갇힌 느낌이 들곤 한다. 유달리 몸부림이 심한 편이라 병원 침상은 그야말로 곤욕이다. 입원한 지 나흘째고 내일 퇴원할 것이니 하루만 견디면 된다.

지난주 화요일 저녁이었다. 여느 때와 다름없이 아파트 근처에서 자전거를 타며 시간을 보냈다. 팔거천을 따라가는 지상철 아래로 자전거 길이 깔끔하게 조성되어 있어 많은 사람이 자전거를 즐긴다. 나는 팔달역에서 태전역까지 왕복 두 번으로 10킬로 정도를 운동 삼아 즐긴다. 약해진 허벅지 근육에 도움이 될까 싶어 매일 나간다. 덕분에 몸에 전해지는 자전거의 밀착감이 예전의 느낌을 거의 찾은 것 같았다.

과신은 금물이란 말을 나이 들어 잊었던가. 집 앞에 와서 사달이 났다. 대부분 아파트가 그렇듯, 우리 집 아파트 현관에도 정면으로 계단이 두 칸 있고, 옆으로 휠체어나 수레가 다닐 수 있는 통로가 있다. 평소에는 계단 앞에 내려서 자전거를 끌고 들어간다. 그런데 이날을 무슨 자신감이 동했는지 옆에 있는 좁은 통로로 자전거를 타고 현관 앞까지 갔다. 자전거로 전국을 다닌 예전의 기억이 자신감을 부추겼다. 하지만 안타깝게도 그날의 몸은 그 시절의 몸이 아니었다. 몸은 이미 하지 말라고 신호를 보내고 있었는데 마음만 믿고 달려들었다.

기우뚱하면서 현관 앞에 무사히 도착했다. 자전거에서 내리려는 순간, 몸의 중심이 계단으로 쏠리면서 눈 깜짝할 사이에 자전거와 함께 내 몸은 계단 아래로 내동댕이쳐졌다.

통증보다 창피함이 먼저였다. 누가 보았을까 걱정부터 들었다. 일어서려 했으나, 오른쪽 다리에 힘이 들어가지 않았다. 우측 팔도 마찬가지였다. 뇌경색 후유증이 남아 있는 오른쪽 팔과 허벅지가 계단 모서리에 강하게 부딪혔다. 다행히 머리는 괜찮았다. 할 수 있는 게 없어 힌동안 그 자리에 앉아 있었다. 안정을 조금 찾고 나서야 겨우 일어설 수 있었다. 자전거를 끌며 절룩절룩 집으로 돌아왔다.

그때부터 진짜 문제가 시작됐다. 허벅지가 단단한 돌덩이처럼 굳더니, 이내 부어올랐다. 근육에 통증이 퍼지면서 제대로 걷기도 어려웠다. 119를 부를지 고민하다가 퇴근하는 친구에게 도움을 요청했다. 정형외과 간호사로 일하는 친구라 뭔가 방법이 있을 것 같았다. 다행히 골절은 아니라는 확신은 있었다.

친구는 급히 달려와 냉장고에 있는 얼음을 모조리 꺼내 찜질부터 해주었다. 응급실에 가는 것도 고려했지만, 골절이 아니라면 병원에서도 냉찜질 외에 할 수 있는 게 없다는 말에 집에서 버텼다. 마음이 몸을 이기려 한 대가를 톡톡히 치렀다. 하지만 그보다 더 괴로운 건, 몸이 보내던 신호를 내가 무시했다는 자책감이었다. 예전의 기억에 마음이 달렸지만, 그날의 몸은 그 시절의 것이 아니었다.

문제는 다음 날 투석이었다. 상태가 이대로라면 투석병원까지 이동이 어려웠다. 밤새 얼음을 바꿔가며 찜질을 했다. 아침이 되니 약간 걷고 운전할 수 있을 정도로 회복되었다. 냉찜질 효과를 톡톡히 본 셈이다. 진료 시간에 맞춰 병원에 갔다. 초음파를 찍어보니 피멍이 여러 군데 있었고, 심한 곳은 핏덩이도 보였다. 다행히 뼈에는 이상이 없었고, 소염제와 진통제를 처방받았다. 한 달간 안정이 필요하단다. 무리한 운동은 금지다.

오후에 투석병원에 가서도 얼음찜질을 부탁했다. 간호사가 상황을 듣고는 입원을 권유했다. 투석병원에서 물리치료가 가능하니 입원하면 이동에 무리가 없을 것 같아 다음 날 오전에 입원했다. 하루가 지나고서 어떻게 알았는지 성당 지인이 찾아왔다. 그 후 여러 사람의 전화가 빗발쳤다. 별것 아닌 일로 사람을 놀라게

한 건 내 잘못이라 하더라도 한결같이 하는 말은 나를 슬프게 했다.

"안드레아(세례명)는 자전거를 타면 안 돼, 걷는 정도의 운동만 해야지."

아직은 뇌졸중 후유증이 남아 있으니 걱정하는 말이기는 하나, 정도 이상으로 병자 취급하는 것 같아 서운했다. 예전 생각하면 안 된다면서 "마음이 하자는 대로 몸이 따라가면 큰일 난다. 이제는 몸이 하자는 대로 마음이 따라가야 한다"라며 다짐을 받으려 한다.

세상이 좋아져 백 세 시대가 되었다. 주변에 구십이 넘은 노인을 심심찮게 보게 된다. 그런가 하면 회갑을 넘어가는 시점에서 곡절을 겪는 경우도 적지 않다. 환갑을 전후해서 운명을 바꾸는 이도 보게 된다. 내 친구가 그랬다. 생사의 경계는 아니나 나도 홍역을 치렀다. 눈에 보이는 것이 이렇다 보니 마음은 바쁘고 몸이 따르지 않는다. 자연히 하고 싶은 것이 욕구로 남아 안달이다. 마음은 여전히 달리고 싶어 한다. 하지만, 이제는 몸이 멈춰야 할 곳을 알려주는 걸 인정하고 받아들여야 하나 보다.

오랜만에 친구가 전화했다. 집에 들기 전 술 몇 잔에 기분이 적당히 좋아진 것 같다. 주절거리는 말본새를 보면 안다. 병원에 입원했다는 말을 듣고는 잔소리를 늘어놓는다. 그러면서 하는 말이 "그럴 줄 알았다"라고 한다. 들리는 목소리에 찬바람이 이는 것 같더니 이내 사라졌다. 위로인지 비난이지 애매했다. 친구들은 내 소식을 들으면 정신 차리라고 충고한다. 몸이 먼저라고 다그친다. 우리 나이가 적은 나이가 아니란다. 아직은 마음이 몸을 부르는데 몸이 먼저 말한다면, 마음은 들어야 한다고 충고한다. 순간 서글픔이 몰려들었다.

이제는 안다. 몸이 하자는 대로 사는 것, 그것이 가장 현명한 방식일 수 있다는 걸. 그렇게 살 용기를 내보려 한다.

꽁초의
권리

버려진 것들과의 사투

회양목 아래, 꽁초가 지천이다. 집게를 들이대도 좀처럼 잡히지 않는다. 지난 비에 꼬리를 떨쳐낸 꽁초들은 가벼워진 몸으로 움푹한 틈과 구석으로 숨어든다. 집게 끝은 자꾸 비틀어지고, 꽁초는 '나 잡아봐라' 하며 도망친다. 실패하는 나를 비웃기라도 하듯, 여럿이 모여 고개를 끄덕인다.

오기가 발동해 다시 힘껏 낚아채지만, 또 놓친다. 몇 번이고 반복하다가 결국 체념한다. 손놀림이 예전 같지 않음을 인정하고, 그들의 비웃음을 뒤로한 채 쓸쓸히 돌아선다.

꽁초가 남기는 그림자

장마가 시작되면, 비에 젖은 꽁초들은 속이 터진 채 흘러가고, 바람에 밀려 담벼락 밑에 모였다가 배수구를 막는다. 그것은 흡연자들이 무심코 던진 비양심의 잔해다. 세계보건기구는 강과 해안에서 수거한 쓰레기의 30~40%가 담배꽁초라고 밝힌다.

모든 생물은 생태계 안에서 고유한 역할을 지니고, 함부로 사라지면 균형이 무너진다. 쓰레기조차 '관리의 대상'이 되어야 한다. 꽁초 역시 마찬가지다. 재떨이나 휴지통에서 생을 마감할 권리, 그 기본적인 예우가 필요하다.

흡연자의 모순

담배는 흡연자에게 잠시의 위안을 준다. 그러나 다 쓰고 난 꽁초는 거리 한복판에 버려진다. 심지어 불이 꺼지지 않은 채 던져져 산불의 불씨가 되기도 한다.

애정을 주고 심리적 위안을 받았다면, 마지막 순간까지 책임져야 하지 않을까. 요즘은 휴대용 꽁초 통도 쉽게 구할 수 있지만, 들고 다니는 사람은 드물다. 우리는 애완견을 '반려견'이라 부른다. 그렇다면 흡연자에게 담배는 '반려초'일 수 있다. 억지스러운 말장난 같지만, 바로 그 어색함이 우리 태도의 모순을 드러낸다.

플로깅, 그리고 집념

몇 해 전 초여름, 텔레비전에서 플로깅을 알게 된 후 산책길에서 쓰레기를 줍기 시작했다. 처음엔 부끄럽고 어색했다. 그러나 비닐봉지가 터질 만큼 쓰레기를 주우면서, 주변이 조금씩 깨끗해지는 변화를 보았다.

나는 꽁초에 집중했다. 완전히 분해되어 흩날리는 것만 아니면 집게에 걸려들었다. 그러나 꽁초는 끈질겼다. 하루, 이틀, 그다음 날도 다시 나타났다. 나 역시 포기하지 않았다. 누가 이기나 해보자는 마음이었다. 그러다 싸움은 초가을에 불시에 끝났다. 뇌졸중이 나를 덮쳤기 때문이다. 그렇게 꽁초가 이긴 셈이었다.

오래된 인연

사실 꽁초와의 인연은 오래됐다. 어릴 적 담배 농사를 도우며 모종을 심고, 잎을 따고, 연초를 말리고 조리하는 과정을 함께했다. 그 시절 담배는 친구였다.

성인이 되어 하루 서른 개비를 피웠지만, 꽁초를 길에 버린 적은 드물었다. 휴지통이 없으면 주머니에 넣었다. 함께한 세월만큼, 하찮게 대하지 않았다. 그것은 애증이었다.

쓰레기의 권리

인간은 필요로 물건을 만들고, 그 부산물로 쓰레기를 낳는다. 그러나 감당할 수 없이 쏟아진 찌꺼기들은 자연을 해친다. 모두 인간이 만든 욕망의 흔적이다.

다행히 쓰레기를 관리하고 재활용하는 산업이 존재하며, 그 안에서 많은 이들이 생계를 유지한다. 그렇다면 쓰레기도 존중받아야 할 대상이다. 버려진 꽁초 하나라도 생명을 해치지 않도록 책임 있게 다루는 것, 그것이 공존의 시작이다.

우리가 쓰레기에도 '권리'가 있다는 상상을 해본다면, 사람의 손끝과 마음가짐은 분명 달라질 것이다. 꽁초를 쓰레기통까지 데려다주는 그 작은 행동이, 우리가 함께 사는 세상을 지키는 첫걸음이 될 수 있다.

너는
잘하고 있느냐

팔거천 징검다리가 물에 잠겼다. '출입 금지' 팻말이 걸려 있는 걸 보니 어젯밤 제법 많은 비가 내린 모양이다. 지척에 팔공산이 있어 비의 양이 조금만 되어도 금세 황토물이 흐른다.

비 내린 여름 아침 집을 나선다. 싱그러운 풀 내음이 코끝을 간질인다. 밤새 내린 비가 강아지풀 위에 방울방울 맺혔다. 아이의 물기 어린 얼굴처럼 앙증맞고 귀엽다. 시원한 바람을 타고 오는 공기는 맑고 청량하다. 며칠째 이어지던 후덥지근한 더위와 뿌연 미세먼지는 자취를 감췄다. 어제의 고뇌도 덩달아 잊힌 듯, 하늘에 떠가는 구름을 바라보며 괜히 히죽거린다. 절대자의 축복이 내려진 듯한 아침이다.

걸음을 멈췄다. 푸른 잡풀 사이로 연홍빛 나팔꽃이 조심스레 꽃망울을 터뜨렸다. 물기를 머금은 꽃잎은 혼기 찬 처녀의 홍조 띤 얼굴만큼이나 순수하고 아름답다. 풀잎 위 물방울에 햇살이 반짝인다. 얼핏 비치는 내 얼굴은 까무잡잡한 시골 소년의 모습이다.

유년기를 시골에서 보낸 나는 소여물 마련이 담당이었다. "우리도 한번 잘살아 보세"라고 하던 새마을 운동 시절, 소 꼴은 집마다 아이들의 몫이었다. 들판의 풀은 한정되어 있고 수요는 넘쳤다. 내를 건너고 들을 지나야 겨우 바지게를 채울 수 있었다. 그때의 이슬 먹은 풀은 손을 축축하게 했기에 짜증이 났다.

오늘 아침의 풀잎은 다르다. 손으로 훑는 감촉이 시원하고 깔끔하다. 물방울의 청아함이 가슴 깊이 스며든다. 도심 한복판에서 이런 감성에 젖을 줄이야. 같은 풀이라도 '일'과 '쉼'의 감촉은 이렇게 다르다. 낫이라도 있으면 한 옴큼 베고 싶은 마음이 꿀떡 같다. 바지게가 금세 찰 것 같다.

방천 한가운데 노란 달맞이꽃과 보라색 나팔꽃이 얽혀 피었다. 이제 막 사랑을 시작한 연인같이 수줍다. 진한 노랑과 보라의 깊이 있는 안정감은 중년의 사랑을 닮았다.

갑작스레 튀어 오른 참새떼에 깜짝 놀랐다. 무심코 갈대 쪽으로 다가간 내 탓이다. 입추 지나 처서가 가까우니 갈대는 번식 준비에 한창이다. 잘 익은 이삭은 참새에게 최고의 성찬인데 방해한 실례가 이만저만 아니다. 쩍쩍대는 원성에 "미안하다"라고 속으로 사과하며 한 걸음 물러섰다. 건너편으로 날아간 참새들의 눈빛이 매섭다.

갈대 몇 줄기가 물속에 누워 있다. 아직은 때가 아니라는 듯 고요하다. 한창 낮잠을 즐기는 농부처럼 편안하다. 그 옆에 일어선 갈대는 지난번 홍수 때 쓰러졌다가 이제야 서서히 일어섰다.

십여 년 전, 자전거로 전국을 누볐던 기억이 떠오른다. 4대강 자전거길은 물론, 제주도 종주까지 인증센터가 있는 곳이라면 어디든 달렸다. 정부에서 준 인증서와 메달은 내 인생의 훈장처럼 기억 저편에 자리 잡고 있다.

영산강 종주 길이었다. 해 질 무렵, 서편 하늘에 걸린 햇살 아래 은빛 갈대가 넘실댔다. 땀에 젖은 몸이 황홀경에 빠졌다. 한참을 멈춰 섰다. 지난 생의 여정이 필름처럼 스쳐 지나갔다. 그 가을, 갈대의 품에 안겨 있었다. 그날의 갈대는 쓸쓸한 남자를 따스하게 감싸 주는 여인의 품 같았다.

갈대를 지조 없는 여인에 비유하기도 한다. 하지만 나는 다르게 본다. 흔들림은 유연함이고 살아내는 처세다. 세파에 맞서 꺾이지 않으려다 뽑혀 나가는 강직함은 오히려 어리석다. 한 번 꺾이면 끝이라는 패배주의에 사로잡혀 숙임을 모른다. 살아남으려면 뿌리를 깊이 내리고 몸을 낮춰야 한다. 시간이 지나면 다시 일어서는 갈대처럼 지혜로운 유연함이 필요한 시대다.

'내가 이 강의 주인이다'라고 하며 꼿꼿하게 버티다가 뿌리째 뽑혀 흔적 없이 사라진다. 민의 바람은 매섭다. 갈대의 처세를 본받아야 한다. 불어오는 기류에 맞춰 흔들리는 것, 그것이 지혜다.

식물만 못한 정치꾼들의 언행은 민심을 어지럽히고 백성의 한탄을 끝없이 자아낸다.

물살을 거슬러 두 마리 오리가 갈대숲으로 들어간다. 아직 날알이 떨어질 철은 아닐 텐데 무엇을 찾아 들어갔을까. 어둡고 습한 그곳에 먹을거리가 많은가 보다. 들어간 오리는 한참이 지나도 나오지 않는다. 이제 곧 갈대는 오리들의 보금자리를 위해 잎과 줄기를 내어줄 것이다. 함께 나누고 품어 주는 그들의 삶은 이기적이고 교활한 인간 사회보다 못하지 않다.

길섶에는 분홍빛 나팔꽃이 드문드문 피어 있다. 세상 풍파를 이겨낸 지혜로운 할머니의 얼굴빛 같다. 마주한 꽃잎이 슬며시 웃는다. 한마디 건네는 말에 정신이 든다.

"너는, 잘하고 있느냐?"

웃음을 머금고 머쓱하여 머리를 긁적인다. 생각하니 나도 잘한 것이 없다. 할머니의 너그러움만 바랄 뿐이다.

돌아오는 길, 버려진 커피 캔 하나가 숲속에서 반짝인다. 자기 자리가 아니라서 그런지 어색한 표정을 하고 바라본다. 조금만 걸으면 쓰레기통이 있건만. 나는 숲을 헤치고 캔을 집어 들었다.

우정과 연정
그 어디쯤

입춘이 지나 두 번째 주말 아침, 베란다의 다육식물이 햇살에 몸을 풀었다. 창가로 스며드는 볕은 부드럽게 어깨를 감싸고, 공기 속에는 희미한 봄의 냄새가 섞여 있었다. 이런 날 집에만 머문다면, 내 몸과 마음에 미안해질 것 같았다. 베란다 한쪽에서 조용히 서 있는 빨간 자전거가 마치 오래 기다린 친구처럼 나를 향해 눈짓을 보냈다. 바람에 실린 향기가 살짝 스쳤다. '함께 나가자'라고 속삭이는 듯했다.

외출 전 몸을 살피듯, 자전거도 살펴본다. 홀쭉하게 꺼진 타이어가 게으름을 책망하듯 말없이 항의하고 있다. 펌프를 꺼내 바람을 넣는 동안, 차가운 고무 냄새와 함께 심장이 서서히 속도를 높였다. 오늘의 경로는 강정보 대신 대구 신천을 따라 도청교 동쪽 길로 정했다. 거리가 가까운 것도 이유였지만, 무엇보다 그 다리 아래에 내 청춘의 한 장면이 고스란히 잠들어 있었기 때문이다.

신천동로 개발로 그 시절의 모습은 온데간데없이 사라졌지만, 마음속의 기적만은 여전히 선명하다. 우정에서 연정으로, 다시 우정으로 되돌아간, 꽃 피우지 못한 사랑. 세월은 그 이야기를 사십여 년 동안 묵묵히 품어 왔다.

서울 아시아경기대회를 한 달 앞둔 늦여름이었다. 군에서 제대한 청년 넷과 혼기 찬 처녀 넷이, 그저 '친구'라는 이름으로 모여 여행을 떠났다. 바다를 보고, 계곡에 발을 담그며, 청춘의 숨결로 가득 찬 이틀 밤과 사흘은 눈 깜짝할 사이 흘러갔다. 돌아오자마자 찾아온 공허함은 오래도록 가슴에 남았다. 시집가는 딸을 보내는 어머니의 마음이 이와 비슷할까.

그 허전함을 달래고자 달구경이라도 하자는 말이 나왔고, 우리는 도청교 아래 개울가로 향했다. 밤하늘에 걸린 달빛은 은빛 강물처럼 흘렀고, 첨탑의 붉은 점멸등이 고요히 깜박였다. 차량 불빛이 뜸해져도, 시간의 흐름은 우리를 비껴갔다. 손끝으로 전해지던 따뜻한 감촉은 이성의 경계를 조용히 넘어섰고, 앵두처럼 붉고 부드러운 입술은 달콤했다. 온몸에 퍼지는 전율은 숨을 가쁘게 만들었고, 그 순간 세상은 우리 둘만의 것이었다.

그날 밤, 달빛 속 그녀의 홍조 띤 얼굴은 막 피어난 빨간 튤립 같았다. 겨울 끝자락에 눈을 뚫고 피어나는 복수초처럼 나의 첫 사랑도 그날에 움텄다.

그녀는 가난했지만 성실한 청년을 따뜻하게 바라봐 주는 지혜로운 사람이었다. 밤낮으로 일하며 공부하던 나를 다정하게 품어 주었고, 그 품속에서 하루를 설렘으로 시작해 기쁨으로 마무리했다. 그 시간은 멈출 줄 몰랐고, 난생처음 느껴보는 행복이었다.

십여 년이 흘러 다시 만났을 때, 우리는 이미 두 아이의 엄마와 세 아이의 아빠가 되어 있었다. 빨간 튤립 같던 그녀는 복스럽고 우아한 수국처럼 변해 있었다. 현명한 아내이자 따뜻한 어머니로 완성된 모습은 여전히 눈부셨다. 그때 느낀 감정은 연정도, 우정도 아니었다. 설명하기 어려운, 그 어디쯤 머무는 부드러운 정서였다.

우리는 식사를 하고, 차를 마시고, 해변을 걸으며 지난 세월을 이야기했다. 말끝마다 묻어나는 부산 사투리는 조금 낯설었지만, 시간은 서두르지 않았다. 연정에 관한 이야기는 꺼내지 않았다. 다만, 헤어질 때 우리는 악수하며 서로의 행복을 진심으로 빌었다.

몇 해가 흐른 후, 그녀를 다시 만난 곳은 지방의 작은 도시였다. 고향으로 돌아온 그녀는 사업하는 남편을 내조하며 아이들을 키우고 있었다. 하얀 백합처럼 고요하고 단정한 얼굴에는 여유와 온화함이 배어 있었다.

나는 지방을 오가며 자영업을 하던 터라 목요일마다 그 도시를 찾았다. 특별한 일이 없는 한 그녀는 반갑게 맞아 주었고, 차 한 잔 앞에서 살아가는 이야기를 나누었다. 가끔 마음 한구석에서 잔물결처럼 연정의 흔적이 이는 순간도 있었지만, 그 감정이 다시 꽃피우지 않도록 다잡았다. 우정과 연정, 그 경계를 지키는 것이 서로에게 가장 좋은 방식임을 알았기 때문이다.

그러다 교통사고로 일을 접으면서 우리의 만남도 끝이 났다.

환갑을 앞둔 지금, 세월의 무심함이 서럽다. 자전거 페달을 밟으며 땅속에 묻힌 추억을 더듬는다. 길가의 벤치도, 수양버들도, 벚나무 가로수도 그날을 기억하지 못한다. 사라진 풍경 대신 높이 솟은 회색 건물과 쏜살같이 달리는 자동차 소음만이 세월의 변화를 증명할 뿐이다.

그나마 위안이 되는 것은 터줏대감처럼 서 있는 수양버들이 은발의 중년 남자를 조용히 품어 준다는 사실이다. 도청교의 교각이 건네는 쓰디쓴 미소를 보니, 그래도 나를 기억하는 것만 같았다.

가끔 전해오는 그녀의 목소리는 여전히 따뜻하고 다정하다. 남은 삶의 길 위에서 우리는 우정의 장단으로 다시 마주칠지도 모른다. 우정도, 연정도 아닌 그 어디쯤의 감정. 나는 그것을 지우고 싶지 않다.

희끗희끗한 백발이 세월의 바람에 흩날려도 내 마음속에는 여전히 짜릿한 추억 하나가 남아 있다. 그것 하나쯤은 내 인생의 행운으로 품고 가도 괜찮지 않겠는가.

말

언제부턴가 사진 찍히는 것이 꺼려졌다. 반영된 내 얼굴을 바라볼 때면 이유 없이 마음이 상하기 때문이다. 큰 수술을 겪은 후 남은 흔적은 이제 내 인생의 계급장처럼 따라붙는다. 동무하듯 받아들이려 하지만, 가끔은 그것이 내 마음을 아프게 한다. 특히 수술 전부터 알던 고객이 나를 알아보지 못할 때면 당혹감은 더 크다. 마스크 착용이 일상이 된 시대라 그나마 가려지지만, 주름진 이마와 왜소해진 얼굴은 숨길 수 없다.

주일미사에 참석했던 어느 날도 그랬다. 성당 사무실에서 오랜만에 만난 지인 두 사람과 인사를 나누는데, 한 사람이 건넨 말이 나를 움찔하게 했다.

"오랜만이네. 몸은 좀 괜찮아? 그런데 얼굴이 팍삭 늙어버렸네!"

순간, 마음속에 금이 가는 소리가 들렸다. 무심코 던진 말 한마디가 나에게 얼마나 깊은 상처가 되었는지 그는 알지 못했을 것이다. 나는 애써 웃어 보였지만, 그 말은 마음속에서 단단한 돌멩이로 굳어 버렸다.

성당에 갈 때마다 느끼는 교우들의 안타까운 시선은 늘 부담이었다. 밝은 웃음으로 포장해도 결국은 들키고 만다. 이날의 충격은 더 깊었다. 어린 시절, 찢어진 비닐우산을 쓰고 등굣길에 나섰다가 갑작스레 불어온 강풍에 우산이 뒤집혔던 순간처럼 비참한 기분이었다.

무거운 마음으로 미사에 임했지만, 집중할 수 없었다. 생각은 온통 그 말에 갇혀 있었다. 마침, 신부님의 강론 주제가 '말조심'이었다. 성직자든 신자든 성경 말씀을 제멋대로 해석하는 것은 위험하며, 이웃사랑은 입으로 하는 것이 아니라 몸으로 실천하는 것이라는 메시지가 내 마음에 파고들었다. 이어지는 말씀은 더욱 깊었다.

"우리가 하는 말은 때로 칼이 되어 누군가를 베기도 하고, 약이 되어 상처를 치유하기도 합니다. 말을 내뱉기 전에 그 무게를 한 번 더 생각해야 합니다."

미사가 어떻게 끝났는지도 모른 채 혼란스러운 마음을 안고 성물을 사러 선물방에 들렀다. 그때 누군가가 내 손을 덥석 잡았다. 바로 그 사람이었다.

"아까는 내가 말을 잘못했습니다. 정말 죄송합니다. 큰 실수를

했습니다."

뜻밖의 사과에 당황했지만 곧 마음을 추슬렀다.

"괜찮습니다. 달리 생각하지 않았습니다."

거듭 사과하는 그의 모습은 오히려 나를 안쓰럽게 했다.

그는 내가 평소 존경하던 교우였다. 중학교 학력으로 사회에 나와 지역에서 가장 큰 업체를 일궈냈고, 성당 모임에도 늘 힘을 보탰다. 내 아이들이 어릴 적엔 용돈까지 챙겨 주던 따뜻한 형님이었다. 내가 몇 번이고 반말을 권해도 그는 "하대하기 시작하면 말실수를 할 수 있으니 안 된다"라며 끝까지 존댓말을 고집했다. 그런 사람의 진심 어린 사과를 받으니 마음이 풀렸다.

문득 지난해 있었던 동창 모임이 떠올랐다. 동창은 아니지만 안면이 있던 동갑내기 한 사람이 내 손을 잡고 말했다.

"소식을 들었어. 많이 걱정했는데 이렇게 좋은 모습 보여줘서 정말 고맙다."

그저 몇 번 마주쳤을 뿐인데도 그의 말은 따뜻한 위로가 되어 내 마음에 감동을 주었다.

말의 품격은 곧 사람의 품격이다. 사용하는 말은 인격을 드러내며, 관계의 깊이와 방향을 결정짓는다. 따뜻한 말은 닫힌 마음을 열고, 거친 말은 굳게 닫는다. 한마디가 누군가의 삶을 어루만질 수 있다는 사실을 잊지 말아야 한다.

그의 사과가 신부님의 강론과 맞닿아 있었는지, 아니면 순간적으로 "아차, 실수했구나"라는 생각이 들어 돌아본 것인지는 알 수 없다. 그러나 말실수를 인정하고 진심으로 사과하는 용기는 또 다른 품격임이 분명하다. 돌이켜보면 그는 솔직했고, 나는 소심했다. 이제는 비슷한 상황에서 웃으며 받아칠 수 있는 재치 하나쯤은 준비해야겠다고 다짐해 본다.

밴댕이 소갈머리처럼 움츠러든 내 마음에도 언젠가는 단단하고 가벼운 말의 날개가 돋아나길 바란다.

주책바가지

미끄러지듯 멈춰 선 열차가 거친 숨을 내쉬며 문을 열었다. 차창 너머로 스쳐 지나가는 어스름한 겨울빛이 승강장에 엷게 번졌다. 사람들의 신발 밑창에 밴 빗물 냄새, 좌판에서 풍겨온 듯한 기름 냄새가 뒤섞여 코끝을 간질였다. 서문시장역, 이름 그대로 북적임이 일상인 곳이었다. 장바구니를 든 아주머니들, 퇴근길에 지친 표정의 직장인들, 헤드폰을 낀 청춘들이 서로의 어깨를 스치며 오르내렸다.

그 틈에서 허리가 깊게 굽은 할머니 한 분이 작은 손수레를 출입구 옆에 세워두고, 사람들을 헤집으며 다가왔다. 혹시 빈자리가 있나 싶어 두리번거렸지만 애초에 자리가 남아 있을 리 없었다. 나 역시 서 있는 처지라 도와드릴 길이 마땅치 않았다. 잠시 서운한 기색이 스친 할머니의 얼굴에 오래된 그늘이 드리웠다.

그 순간, 다음 역에서 내리려는 중년 여성 두 사람이 자리에서 일어났다. 기다렸다는 듯 할머니의 눈이 반짝였다. 발걸음이 잰 살 같았다. 그리고는, 입구를 향해 큰 소리로 외쳤다.

"보소, 빨리 오소!"

순간적인 호령 같은 목소리에 엉덩이를 대려던 청년이 멈칫하더니, 이내 웃으며 물러섰다. 그 사이 할머니는 서둘러 의자에 몸을 붙였다. 그러고는 입구 쪽을 향해 손짓했다.

곧 다가온 건 할아버지였다. 베레모를 눌러쓰고 목도리를 매만진 채, 느릿한 걸음으로 자리에 앉으면서 중얼거렸다.

"와 이래 큰 소리고, 주책바가지."

투박하게 던진 그 한마디가 차창을 울렸다. 하지만 할머니는 대꾸 없이 그저 숨을 고르듯 앉아 있었다. 두 사람은 말없이 나란히 앉았다.

옆자리에서는 젊은 커플이 손을 꼭 잡고 도란도란 이야기를 나누고 있었다. 그들 역시 살아가며 수많은 사연을 겪겠지만, 아직은 세월의 무게와는 거리가 있어 보였다. 반면 노부부의 어깨는 묵직하게 내려앉았다. 세 겹의 주름이 할아버지 이마에, 검버섯과 굽은 뼈마디가 할머니의 손등에 각인되어 있었다. 그 흔적들이 말없이 '삶의 서사'를 읽어 주었다.

나는 문득 내 부모님이 어렴풋하게 떠올랐다. 어머니가 남의 집 밭일을 하고 돌아오실 때마다 들고 오시던 큼지막한 바구니, 아버지가 무심히 대신 들고 가던 뒷모습. 때론 퉁명스러운 말이 오가도, 그 속에 배어 있던 마음의 결은 사랑이었다. 눈여겨보지 않았다면 스쳐 지나갔을 장면이지만, 나이가 들수록 그런 기억들이 삶의 중심을 채운다.

노부부는 잠시 눈을 감았다. 그 표정은 평온하다기보다, 오히려 잠시라도 마음을 붙들지 못하는 듯 보였다. '혹시 없는 걱정을 억지로 찾아내고 있는 건 아닐까?'라는 생각이 스쳤다. 나 또한 자식을 객지에 보내고 홀로 있는 시간이 많아지면서, 안 해도 될 걱정을 자꾸 만들어내곤 한다. 세상이 불안정하니 자식 걱정은 더 커진다. 그 또한 어른의 숙명인지도 모르겠다.

다음 역, 노부부가 자리에서 일어섰다. 이번에는 할아버지가 먼저 길을 열었다. 손을 잡아주진 않았지만, 할머니가 불편하지 않도록 몸을 바짝 옆에 붙였다. 할머니가 손수레를 달라는 듯 손짓했지만, 할아버지는 못 들은 체 목도리를 고쳐 매며 수레를 직접 잡았다. 아내의 굽은 허리에 남은 세월의 무게를 조금이라도 덜어주려는 마음일 터였다.

열차 밖으로 내리는 순간, 베레모를 눌러쓴 할아버지의 시선이 스쳐 갔다. 잠시 머문 그 눈길이 할머니의 주름진 얼굴에 오래도록 머무는 듯했다. 문득 나는 생각했다. 방금 내뱉은 '주책바가지'라는 말, 그 속에는 지난 세월의 애환이 고스란히 담겨 있지 않았을까. 무심히 버럭 뱉은 말 같았지만, 실은 가장 오래된 애칭이자 사랑의 또 다른 이름이 아니었겠는가.

말이란 원래 그런 것인지도 모른다. 꾸밈없는 한마디가 때로는 날 선 칼이 되어 상처를 남기고, 때로는 어떤 비싼 선물보다 더 따뜻한 위로가 되기도 한다. 특히 오랜 세월을 함께 살아낸 사람들 사이에서는 화려한 말보다 생활의 버릇처럼 흘러나오는 말 속에 진심이 숨어 있다.

주책바가지, 버럭 내뱉은 그 말의 뒤에는 어쩌면 세월이 키워낸 사랑의 단단한 껍질이 있는 게 아닐까. 나는 창밖을 바라보며 그렇게 스스로에게 중얼거렸다. 열차는 다시 다음 역을 향해 미끄러져 갔고, 창유리에 남은 두 사람의 잔상은 오래도록 눈앞을 맴돌았다.

지켜야 할
가치

해마다 두어 번은 고향을 찾는다. 길섶의 나무는 계절마다 색을 달리하고, 오래된 돌담은 세월을 품은 듯 묵묵히 서 있다. 반겨 주는 이 하나 없건만, 산천의 푸르름은 언제나 나를 기다린다. 그 앞에 서면 어릴 적의 웃음소리가 들려오는 듯, 가슴속 깊은 곳이 설레고 저려 온다

그러나 마을 어귀에 들어서면 설렘은 곧 사라진다. 북적이던 사람 자취는 간데없고, 주인 잃은 빈집마다 잡초만이 무성하다. 활기를 잃은 골목은 쓸쓸히 기울어져, 마치 나를 오래 기다리다 지친 듯 초라한 표정으로 서 있다. '여기가 정말 내 고향인가?'라고 묻게 되는 순간, 마음 한쪽이 저릿하게 저민다.

부모님 산소는 잡초에 완전히 점령당해 있었다. 올해는 벌초

전쟁에서 처참히 패한 셈이다. 다행히 봉분만은 비교적 말끔해, 마지막 자존심은 지켜낸 듯싶다. 키 큰 잡초는 고개를 치켜세우고 거만하게 서 있었다. "여기는 내 땅이요"라며 씨앗을 흩뿌려 또 다른 세력을 퍼뜨리려는 듯한 기세였다.

지난 6월, 땡볕 아래 불편한 몸을 이끌고 잡초를 한차례 제거했건만, 장마 뒤의 생명력 앞에서는 속수무책이었다. 잡초는 뿌리를 뽑아내도, 제초제를 뿌려도 다시 고개를 든다. 본디 이 자리가 밭이었던 탓에 생육이 더 왕성하다. 두렵기까지 한 그 끈질김은 동시에 경이롭다.

결국 올해는 벌초 대행업체에 맡기기로 했다. 예초기를 짊어지고 직접 해내겠다는 의지가 없었던 것은 아니지만, 무리하지 말라는 권유를 따랐다. 지난해 겪은 뇌졸중 후유증이 발목을 잡았다. 부모님 산소 벌초를 외부인에게 맡기고 옆에서 지켜보는 내 모습이 참으로 어색했다. 요즘은 남에게 맡기는 경우가 흔하다지만, 자식 된 도리로는 마음이 무겁다.

장성한 조카와 내 자식도 있지만, 올해는 아무도 오지 않았다. "서울서 가기는 멀다. 일이 바쁘다"라는 핑계가 들려올 뿐이다. 문제는 젊은 세대만이 아니다. "그래 알았다"라고 하며 슬그머니 받아들이는 어른의 안일함도 문제다.

대행업체는 산소 지번과 위치를 사진으로 받고, 작업을 마친 후 인증 사진을 보낸다. 돈이면 무엇이든 해결되는 세상, 참으로 편리하다. 그러나 효심마저 대체할 수는 없다.

젊은 세대는 묻는다. "이렇게 편리한데 왜 굳이 시간과 노동을 허비하느냐?"라고 하지만 벌초는 단순히 잡초를 베어내는 일이 아니다. 그것은 부모님을 뵙고, 그 앞에서 마음을 다잡는 의식이다. 죽음은 생사의 경계일 뿐, 맺어진 인연은 끊어지지 않는다.

산소는 부모님 영혼이 거하는 집이요, 벌초는 그 집을 정갈히 돌보는 일이다. 자식이 부모의 옷을 다려 입히고, 얼굴을 말끔히 씻겨 드린다는 마음으로 하는 거룩한 의식이다. 한 해의 결실에 감사하며 음식을 장만해 제를 지내는 것은 효심의 표현이다. 그래서 자손이 몸소 나서야 하는 것이 마땅하다. 바쁘다는 이유로, 멀다는 핑계로, 돈으로 대신할 일이 아니다.

문명이 편리함을 추구하면서 관혼상제를 구습으로 치부하는 이들이 늘었다. 매사를 돈과 시간으로만 따지고, 실익에 맞지 않으면 과감히 버리는 것을 현명하다고 여긴다. 이러다 일 년 중 부모님 산소를 한 번도 찾지 않는 세상이 오지나 않을까. 아득한 두려움이 스친다.

사람은 나이가 들수록 뿌리를 찾게 된다. 그것은 종족으로 연결된 인간의 본성이다. 삶이 고단하고 외로울수록 마음이 향하는 곳은 부모가 계신 자리다. 젊어서는 부귀영화를 최고의 가치로 여기지만, 세월이 깊어지면 그 모든 것이 무상하게 느껴지고, 결국 마음 기댈 안식처를 찾게 된다. 그때 부모의 흔적마저 없다면, 그 공허함을 무엇으로 메울 수 있을까.

전통이 사라지는 것은 단지 젊은 세대의 실용주의 때문만은 아니다. 한국전쟁 이후 폐허 위에서 경제 기적을 이루는 동안, 우리는 정신적 기반을 놓쳤다. 불과 20년 만에 전통사회에서 산업사회로 옮겨가며, 관혼상제와 같은 미풍양속은 뒤로 밀려났다. 더불어 정신적 토대를 잃었다. 유교적 관습을 인간의 도리로 지켜오던 민족이 어느새 자본을 최고의 가치로 여기며 달려왔다.

자본주의는 우리에게 풍요를 안겼으나 빈부격차와 개인주의의 그림자를 남겼다. 그 속에서 '벌초'라는 전통도 흔들리고 있다. 그러나 인간의 가슴을 따뜻하게 하는 것은 자본이 아니라 감성이다. 효심과 정성으로 지켜온 의례는 단순한 형식이 아니다. 그것은 삶과 죽음을 이어주는 다리이자 세대를 잇는 끈이다.

해마다 잡초와 싸우는 이 반복이 헛된 노동처럼 보일지 모른다. 그러나 나는 믿는다. 부모님의 산소를 가꾸는 일은 곧 내 뿌리를 가꾸는 일임을. 전통이 사라져가는 시대일수록 우리가 지켜야 할 가치는 더욱더 빛난다.

찰칵,
삶의 마법

    십오 년 전, 우연히 지역 성당에서 영상 봉사를 맡게 되었다. 크고 작은 행사에 부지런히 쫓아다닌 덕분에 어설픈 솜씨로도 넘치는 사랑을 받았다. 십이 년쯤 지났을 무렵 건강상의 이유로 손을 놓았지만, 그 시간은 내 삶에서 가장 보람된 순간이었다. 지금도 중요한 행사가 있을 때면 불러주니 여전히 감사한 일이다.

    그 시절부터 하나둘 마련한 장비들은 취미가 되어 나의 일상을 이끈다. 이태 전 느닷없이 찾아온 뇌경색으로 한동안 주춤했지만, 이제 다시 카메라를 들고 길 위에 선다. 가끔 동호회 사람들과 어울리기도 하고, 때론 홀로 무작정 떠나기도 한다. 나이가 들수록 함께보다는 혼자가 더 자연스러울 때가 많다. 카메라를 통해 사물을 바라보고 있노라면, 어느새 나만의 시간에 오롯이 빠져든다. 내 생각에 묵묵히 응답하는 이 친구는 사람을 제외하면 가장 든든한 동반자다.

사진이 매력적인 것은 단순히 기록을 넘어 '교감'이 있기 때문이다. 은퇴한 친구들은 골프나 등산을 즐기는 이가 많다. 가끔 골프를 권유받지만, 체질에 맞지 않는다며 웃어넘긴다. 사실은 비용이 부담이다. 등산을 권하기도 하는데 몸 상태를 아는 이들은 더는 말하지 않는다. 그런 점에서 사진은 내게 안성맞춤이다. 장비만 잘 관리하면 유지비도 거의 들지 않는다. 필름 시절처럼 현상 비용 걱정도 없고, 디지털카메라는 찍고 나서 마음에 들지 않은 사진은 지우면 그만이다. 교통비에 간단한 식사 한 끼면 정도면 하루가 즐겁다.

무엇보다 사진의 참맛은 뷰파인더 속 피사체와의 교감에서 비롯된다. 마음이 움직이는 순간 셔터를 누르는 손가락 끝에 전율이 스민다. '찰칵'하는 소리에 깃든 짜릿함은 낚시꾼의 손맛과도 닮았다.

한때 성당 주일 학교엔 학생이 많았다. 아이들이 가장 기다리는 행사는 성탄절 임박하여 열리는 '은총 시장'이다. 인형과 장난감, 학용품이 진열된다. 인기 있는 물품은 경매에 부쳐진다. 어린 아이들이라기엔 놀랄 만큼 뜨거운 열정으로 경매에 참여한다. 간절히 원하던 물건 앞에서 아이는 손에 쥔 달란트를 모조리 내던진다. 그 순간 두 눈은 초롱초롱 빛나고, 얼굴에는 강렬한 에너지가 흐른다. 승자가 되어 물건을 든 아이의 미소는 카메라가 가장 좋아하는 순수함의 극치다.

아이들의 눈빛은 맑고 깊다. 나에게도 저런 때가 있었나 싶어 가만히 돌아보게 된다. 셔터가 반복될수록 마음속 깊은 곳에 잠자고 있던 어린 시절 감성이 깨어난다.

감성에 이끌려 장거리 촬영도 마다치 않는다. 몸이 이끄는 대로 마음이 따라야 할 나이지만, 사진이 주는 평온함 앞에선 무리한 여정도 마다하지 않는다. 대구에서 서해의 한적한 해안까지, 세 시간 넘는 기행 끝에 마주하는 폐선 한 척. 배는 낡고 허물어졌지만, 천천히 파도에 잠기는 그 순간만큼은 세상의 어떤 장면보다도 숭고하다.

카메라는 조용히 셔터를 열고 물에 잠기는 폐선의 실루엣을 담는다. 어둠이 내려앉은 후미진 해안의 적막 속에 나도 조용히 잠긴다. 파도를 기다리는 폐선을 바라보며 거친 세월을 견뎌낸 늙은 아버지들을 상상한다. 가족을 위해 온몸으로 바다를 안았을 아버지. 녹슨 선체에는 그의 땀과 주름, 숨결이 고스란히 남아있다. 그리고 그 옆에 내 그림자도 살포시 드리워진다.

폐선이 물에 완전히 잠기면 셔터는 닫히고 사진은 작품으로 완성된다. 실패하면 하루의 시간이 허사가 된다. 성공하면 형언할 수 없는 기쁨을 만끽한다. 버려진 배는 물과 빛 속에서 부드럽고 유려한 곡선으로 되살아난다. 천대받던 아버지의 굽은 등이 다시금 생명을 얻은 듯하다. 관점을 달리 보면, 삶의 가치는 끝까지 이어진다는 사실을 깨닫게 된다. 이것이 폐선 사진의 가장 큰

매력이다.

하늘이 맑은 밤이면 별빛이 반짝이고 은하수가 띠를 이루기도 한다. 동심의 세계가 열리는 듯하다. 어른의 삶에 쌓인 피로와 욕심이 조금은 씻겨 내려가는 느낌이다. 커피 한 잔 손에 들고 하늘과 바다가 맞닿은 수평선을 바라보는 그 밤, 나는 고요한 평화 속에 육신을 묻는다.

이 친구와 함께한 지 십 년이 되어간다. 한 번도 말썽을 부린 적 없다. 오히려 내 실수로 개울에 빠뜨린 적이 있었다. 배터리를 꺼내 햇볕에 말려 두었더니 언제 그랬냐는 듯 원활하게 움직였다. 그런데 얼마 전, 야간 촬영 후 사진을 확인하니 먼지가 배경에 남았다. 다음 날 서비스센터를 찾았다. 센서를 닦았더니 거짓말처럼 깨끗해졌다.

"이렇게 오래 센터에 안 오는 분도 드물어요."

직원의 농담에 웃었지만, 카메라에는 미안한 마음이 들었다. 반려견을 데려다 놓고 한 번도 목욕시키지 않은 것과 마찬가지다. 첫째가는 친구라 자부했건만, 정성을 들이지 못한 무심함이 부끄러웠다.

"미안하다. 고맙다. 사랑한다"라고 속으로 말한다.

마술사 같은 이 친구는 다음엔 어디에서 어떤 마법으로 감동을 보여줄까. 설렌 마음으로 길 떠날 준비를 한다.

옷걸이

유난히 몸이 무거운 아침이다. 일상은 흐르는데, 마음은 어디쯤 멈춰 있는 듯하다. 멍하니 흘러간 시선이 옷걸이에서 멈췄다. 오래된 옷 한 벌이 조용히 속삭인다.

"고생했어. 잘 견뎠어."

우리 집에는 농장이 없다. 장롱이 놓여야 할 한쪽 벽면에 바닥에서부터 천정까지 철제 기둥이 세워지고, 높낮이를 조절한 가로봉 위로 계절별 옷이 한 겹씩 걸려 있다. 색과 질감이 얽혀 작은 전시관 같다.

그 옷들 가운데 터줏대감은 40대 중반에 보험설계사로 처음 출근하던 날 입은 양복이다. 벌써 16년이 지났음에도 자리를 지키고 있으니, 눈치가 여간하다. 하지만 주인의 애착이 특별함이니 옷의 잘못은 아니다. 꽃 배달과 대리운전을 하면서 동분서주하던 때의 불안함을 말끔히 씻어준 옷이다.

직업에 귀천이 없다고는 하나 불안정한 수입은 가족의 미래를 보장해 주지 못했다. 대기업 퇴사 후 8년 만에 맛보는 아침 출근의 안정감은 그간의 고통을 말끔히 씻어 주었다. 시간을 자유롭게 활용할 수 있으니, 집안일도 소홀하지 않을 수 있었다. 아이들의 식사를 제때 챙길 수 있는 것이 제일 좋았다. 비어 있던 곳간도 마른 논에 물 들어오듯 조금씩 채워지기 시작했다.

얼마 전까지 옷장 한쪽을 지키고 있던 아이들 옷이 보이지 않는다. 각자의 위치에서 삶을 시작하면서 거처를 옮겨갔다. 서른이 되면 결혼에 상관없이 분가하라고 어릴 때부터 강조했다. 그것이 뇌리에 박혔는지 대학을 마치고 곧바로 분가해 나갔다. 허전함이 왜 없을까마는 힘든 시절을 이겨내고 당당한 사회인으로 자리 잡아 가는 자식의 모습이 대견하다. 더구나 몸이 불편한 아비를 챙기는 치밀함에는 빈틈이 없었다.

아이들의 옷 자리에 내 옷이 걸렸다. 코흘리개 어린 것이 어느새 성인이 되어 선물로 장만해 준 것이다. 까마득한 그 시절, 힘에 겨워 지칠 때마다 이런 날이 올 수 있을지 의심했다. 그때를 생각하면 아이들에게 미안한 일이 많다.

여자의 향기를 뿜어내던 아내의 옷은 스무 해 전에 떠났다. 사랑의 껍질은 달콤하고 부드러웠다. 만남이 길어지면 결혼은 당연하다고 생각했던 순진한 남녀였다. 생명이 태어나고 가정이 자리 잡으려 할 무렵, 사랑은 껍질을 벗고 본모습을 드러냈다. 그

속엔 양보와 희생이 숨어 있었다는 걸 몰랐다. 준비되지 않은 미숙함은 갈등의 골만 깊게 파고들었다. 삐걱거리며 흔들리던 두 바퀴는 결국 비틀어졌고, 널브러진 잔해를 수습하는 길은 멀고 험난했다. 굴곡을 넘어온 시간은 추억조차 잊게 했다. 나이가 들면서 원망과 분노는 이해와 용서로 순화되었다. 여인의 힘든 마음은 헤아리지 못하고 어머니라는 잣대만 들이댔던 남편의 외골수가 부끄럽다. 부부의 연은 끊어졌으나 남은 생이 행복하기를 바랄 뿐이다.

며칠 전 입주한 검은색 재킷은 몸집이 작다. 장기간의 병원 생활로 근육과 살이 눈 녹듯 사라졌다. 나름은 동안이라는 소리를 들으며 지내왔건만 거울은 딴판의 늙은이를 보여주니 당황스럽다. 아들은 아버지의 등을 보고 자란다고 했는데, 왜소해진 아비의 등이 아들의 마음을 아프게 하지나 않을지 걱정이다. 커 오는 과정에 애옥살이 살림으로 남들처럼 누리고 경험하지 못했음이 미안함으로 남았는데 주말마다 집에 오는 아들은 아빠 냄새가 좋다며 몸을 비벼온다. 귀찮다고 짜증을 내어도 소용없다. 존재하는 것만으로 자식에게 힘이 되고 추억이 되나 보다.

옷걸이에는 또 다른 추억도 있다. 푸른색과 노란색은 자전거 라이딩 옷이다. 사랑하는 사람과 춘천에서 서울까지 달리던 북한강의 바람이 고스란히 배어 있다. 느지막이 만난 그녀와의 사랑은 생의 의미와 가치를 새롭게 일깨워 주었다. 상대를 배려하고 이해하는 여자의 따스함은 황폐해진 남자의 가슴에 샘물이 되었다.

중년의 진득한 사랑은 젊은이의 파릇한 사랑과는 비교될 수 없는 고귀함이 있다. 성인이 된 아이들도 적극적으로 응원해 주었다. 가장의 역할로 지쳐있는 그녀에게 자전거 타는 법을 가르쳐 준 것은 새 세상을 보게 하는 촉매가 되었다. 지금껏 함께한 십여 년은 내 인생의 황금기로 남았다. 사람에겐 정해진 인연이 있다고 했음은 진리임이 분명하다.

집을 나서기 전 거울 앞에 서면 "기죽지 말라, 어깨 펴라, 당당해도 된다"라고 거울 속 뒤편에서 용기를 불어넣던 옷걸이가 이제는 "감사해라, 배려해라, 겸손해라"라고 다그친다.

시대가 변하고 세월이 더해지면서 흔적 없이 사라진 옷은 추억 속에 묻었다. 보내기 싫었으나 붙잡지 못한 것은 옹색하게 살지 말라는 자식의 성화도 한몫했지만, 수년간 손길도 주지 않은 내 잘못이 크다.

살면서 남에게 해되는 일은 하지 않았다고 하더라도 혹여나 잊고 있는 잘못은 없는지 옷걸이에 묻는다.

10년 후, 어느 날 아침 옷걸이는 나에게 뭐라고 말할까? 두려움이 그림자처럼 다가선다. "홀아비 냄새가 진동한다"라는 잔소리는 감내하겠으나 "구차하게 살았다"라는 비난은 듣지 않아야 할 텐데.

욕심을 참아내고 존재하는 것만으로도 위안이 되는 무던한 사람으로 남고 싶다. 묵묵히 세월을 걸고 있는 옷걸이처럼.

살아 있는
시간 위에서

아침에 눈을 뜨니 창밖에 비가 내리고 있었다. 가을이 마지막 문턱을 넘으려는 시점이다. 아파트 정원 은행나무는 노란 잎을 떨구며 쓸쓸한 표정을 감추지 못한다. 계절은 묵묵히 제 길을 가는데, 내 마음은 자꾸 뒤를 돌아본다. 붙잡을 수 없는 것을 붙잡으려는 미련, 그것이 나이 듦의 감성이리라.

점심 무렵, 사무실로 향한다. 비는 그쳤으나 바람은 여전하다. 팔달교를 지나 신천대로에 들어서니 가로수들이 황금빛 물결을 이루었다. 은행나무와 느티나무가 저마다의 옷을 입었는데, 이미 옷을 훌훌 벗은 나무는 겨울을 준비하는 듯한 단정한 얼굴이다. 떨어진 잎들이 땅 위에서 서로 뒤엉켜 층층이 깔려 있다. 은행잎은 끝내 노란빛을 간직하며 자존심을 지키고, 느티나무잎은 갈색으로 변해 담담히 하늘을 바라본다. 봄부터 가을까지 제 역할을 다했으니 이제 내려놓는 여유가 엿보인다.

차가 지나가며 낙엽을 흔든다. 바람에 너울거리며 내리는 낙엽은 마치 금빛 비와 같다. 순간 차에서 내려 밟아보고 싶은 충동이 인다. 낙엽을 밟는 소리에 귀를 기울이며 가을을 찬미하고 싶다. 아마 그것이 아직 내 안에 남아 있는 낭만일 것이다.

하지만 도시는 낭만에 머무르지 않는다. 신호 앞에서 본 장면은 그랬다. 흰 승용차 앞으로 억지로 끼어드는 트럭, 그리고 울려 퍼진 경적. 바쁨과 성급함이 충돌하는 순간이었다. 모두가 사연을 안고 살아가는 도시의 한 조각 풍경. 문득 생각한다. 만약 그들이 잠시 고개를 들어 낙엽을 바라보았다면, 혹은 서로에게 작은 공간을 내어주었다면 어땠을까? "들어오세요"라는 한 마디에 미소를, "감사합니다"라는 손짓 하나에 따뜻함을 나누었다면, 이 도시의 가을은 더 아름다웠을 것이다.

시간은 이렇게 흘러간다. 계절이 바뀌듯 나도 늙어간다. 언젠가는 가을의 황홀한 빛을 알아보지 못할 날도 오겠지. 시선이 어두워지고 감각이 둔해지면, 무엇을 보며 감탄하고 감동할 수 있을까. 그러나 두렵지 않다. 살아 있는 동안은 살아 있다는 이유만으로 감사할 수 있으리라. 비록 눈이 잎의 빛깔을 분간하지 못하더라도 마음이 여전히 감사를 기억한다면, 그 또한 충만한 삶이리라.

나뭇잎은 떨어져 흙이 되고, 흙은 다시 새 생명을 일으킨다. 나

또한 언젠가 흙으로 돌아가겠지만, 오늘의 나는 여전히 살아 있다. 살아 있는 지금, 내가 할 일은 원망이 아니라 감사, 불평이 아니라 겸손이다. 도시의 바람 속에서 낙엽 위를 걷는 순간마다 나는 나에게 속삭인다.

살아 있는 시간 위에서 나는 감사하며 살고 싶다. 그것이 내가 늙어 가는 방식이어야 한다.